INTRODUCTION TO QUALITATIVE RESEARCH METHODS

질적 연구 입문

한유리 저

제
2
판

제2판 들어가는 말

2015년에 처음 『질적 연구 입문』을 낼 때는 질적 연구가 무엇인지를 에세이처럼 가볍게 전달하고 싶었다. 개정판에서는 여전히 질적 연구에 대한 입문서를 유지하면서도 보다 구체적인 과정들을 추가해서 전반적인 내용을 보강하였다.

제2장 연구 설계에서는 연구 주제를 정해서 이를 연구 문제와 연구 질문으로 구성하는 과정 등이 추가되었고, 제3장 자료 구성에서는 심층 인터뷰 부분을 자세히 다루었다. 부실하게 진행된 인터뷰로 인해 자료의 분석과 연구 결과까지 빈약해지는 경우를 자주 보아왔기 때문이다. 제4장 자료의 분석과 해석에서는 분석에 대한 포괄적 이해에서 시작하여 코딩을 하고 테마를 도출해 가는 과정을 확장해서 설명하였다. 특히 잘못된 테마 도출 부분을 추가해서 초보 연구자들의 실수를 줄이고자 하였다.

분량이 적은 책인 만큼 독자들이 부담 없이 읽으면서 질적 연구에 대한 기초를 다지는 데 유용하게 쓰이기를 기대한다. 워크숍에서 만나면 반갑게 인사해 주는 대학원생들, 좋은 연구로 영감을 주는 국내외 질적 연구자들, 그리고 개정판이 나올 수 있도록 도와주신 피와이메이트 노현 대표님과 황정원 편집자님께 감사드린다.

2020년 여름
한유리

초 판 들어가는 말

질적 연구 강의를 하면서 대학원생들이 처음 접하는 질적 연구를 조금 더 쉽고 가깝게 여길 수 있으면 하는 바람이 늘 있었다. 나 역시 박사과정 때 입문서의 역할을 해 줄 만한 질적 연구 교재가 아쉬웠던 기억에서 이 책을 구상했다. 처음으로 질적 연구를 배우는 대학원생들, 질적 연구에 대해 궁금증이 있는 그 밖의 독자들에게 친절한 가이드가 되길 바란다.

질적 연구자가 될 수 있도록 이끌어 준 주드 프라이슬리(Jude Preissle), 멜리사 프리먼(Melissa Freeman), 그리고 캐시 로울스톤(Kathy Roulston) 교수님의 따뜻한 배려와 조언에 깊은 감사를 드린다.

2015년 8월
한유리

차 례

제1장

질적 연구에 대한 기본적 이해

제1장

질적 연구에 대한 기본적 이해

인간의 삶을 이해하는 다양한 방법

우리는 살면서 종종 뉴스나 잡지에서 제공하는 다양한 수치를 통해 세상을 이해한다. 예를 들어 우리나라 노년층에 대한 다음 자료를 살펴보자. 아래의 내용은 2019년 고령자 통계 자료의 일부이다.

인구 추이

□ 2019년 우리나라 전체 인구는 5,170만 9천 명으로 2028년까지 계속 증가 후 감소하는 반면, 65세 이상 인구는 768만 5천 명으로 2050년(1,900만 7천 명)까지 지속적으로 증가할 전망임.

□ 2019년 65세 이상 인구가 차지하는 구성비는 14.9%로 지속적으로 증가하여 2060년에는 43.9%가 될 것으로 전망됨.

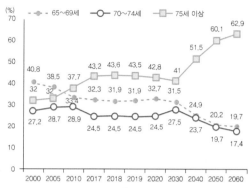

자료: 통계청, 「인구주택총조사」, 「장래인구특별추계」

고령자 가구

□ 2019년 고령자 가구(가구주 연령이 65세 이상)는 438만 8천 가구로 전체 가구의 21.8%를 차지하며, 이는 계속 증가하여 2045년에는 47.9%가 될 전망임.

　○ 2019년 고령자 가구를 유형별로 보면, 1인 가구 비중이 34.2%로 가장 많고, 그 다음은 부부(33.2%), 부부+자녀(9.6%), 부(모)+자녀(5.5%)순임.

주관적 건강평가

□ 2018년 65세 이상 고령자가 스스로 평가하는 자신의 평소 건강상태에 대해 「건강이 좋다」는 22.8%, 「건강이 나쁘다」는 43.5%로 주관적 건강상태를 부정적으로 평가하는 비율이 20.7%p 더 높음.

[그림] 주관적 건강상태(65세 이상, 2018)

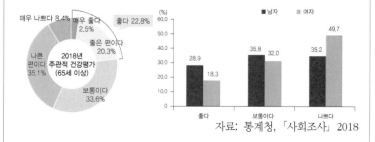

자료: 통계청, 「사회조사」 2018

인터넷 이용률

□ 2018년 고령자의 인터넷 이용률은 60대는 88.8%, 70대 이상은 38.6%로 매년 지속적으로 증가하고 있음.

□ 인터넷 이용자 중 하루에 1회 이상 인터넷을 이용한 경우는 60 대가 88.6%, 70대 이상은 72.6%임.

사회 안전에 대한 인식

□ 2018년 65세 이상 고령자는 우리 사회의 전반적인 안전에 대하여 33.7%가 「안전하지 않다」고 느끼고 있으며, 「안전」하다고 느끼는 사람은 17.3%임.

○ 사회 안전에 대하여 불안감이 가장 높게 나타난 것은 「범죄발생」(55.2%)이고 「교통사고」(47.4%), 「신종질병」(44.5%)순임.

○ 「식량안보」를 제외한 모든 부문에서 「안전하지 않다」는 비율이 「안전하다」보다 높게 나타남.

(2019 고령자 통계, 통계청 http://kostat.go.kr)

위의 내용을 바탕으로 알 수 있는 것들이 무엇일까? 우선 우리나라의 인구 추이나 고령자 주거환경, 주관적 건강에 대한 평가, 인터넷 이용이나 사회 안전에 대한 인식 등 전반적인 실태를 파악할 수 있다. 또한 구체적인 수치의 증감도 알 수 있기 때문에 향후 행정이나 복지정책에 반영할 예측자료로 사용될 수 있다.

이번에는 비슷한 주제에 대한 다른 형식의 자료다.

2017년 2월 3일, 부산시는 소셜네트워킹서비스(SNS)에 '세대소통 프로젝트-노인의 마음'이라는 약 6분 30초 길이의 영상을 공개했다. 이 영상을 보면 한 20대 출연자가 80대 노인으로 특수 분장을 하고 노인체험키트를 착용한 채 팔순 노인의 하루를 경험해 본다. 영상 속 주인공은 '늘 건너던 횡단보도의 파란불이 이렇게나 짧았었

나!' 힘이 들기만 하다. 불편해진 몸으로 겨우 버스에 오르니 빈자리에 앉을 때까지 출발도 않고 기다려 주는 버스 기사님에게 새삼 고마운 마음이 든다. 한 번쯤 낯선 이의 자연스러운 시선을 받을 법도

한 커피숍에서는 아무도 거들떠보지 않는 듯한 소외감이 느껴진다.

다시 청년으로 돌아갈 시간, 분장을 지우며 그는 이렇게 이야기한다.

> "처음에 분장을 하면서는 '이런 경험을 어디서 해 보나', '재밌다'라고 시작을 했던 게 '아, 이게 노인의 삶인가? 노인 분들이 많이 외롭겠구나', '내가 나이가 들면 저렇게 될 수도 있구나'라는 생각을 하면서 관심을 좀 많이 드려야겠다는 생각이 들었어요."

비슷한 연령대의 자료를 다뤘다 하더라도 후자의 세대소통 프로젝트 영상은 전자인 고령자 통계와는 사뭇 다른 느낌을 준다. 나는 양적 연구와 질적 연구의 차이를 설명하기 위해서 종종 질적 연구 수업 첫날 이 영상을 학생들과 함께 시청한다. 그리고 두 개의 자료에서 어떠한 느낌을 받았는지 물어본다. 그러면 보통 통계 자료는 "수치와 그래프를 보여 주기 때문에 더 구체적이고 정확한 느낌을 준다"거나 "익숙하다", "일반적인 추세와 큰 그림을 그릴 수 있다"고 말하는 반면, 노인분장 영상에 대해서는 "몰입해서 보게 됐다"거나 "뭔가 마음에 남는다", "이해하기가 쉽다"와 같은 이야기를 한다.

물론 일반적이라고 할 수 없는 단 한 명의 체험을 통해 '노령인구에 대한 이해가 가능할까?' 하는 의문을 가질 수도 있다. 그렇지만 이 영상은 공개 3일 만에 부산시 공식 페이스북에서 재생 13만 회, 좋아요 4천6백여 건, 공유 1천여 건을 기록하며 큰 공감을 얻었다고 한다. 영상을 본 사람들 사이에 공유된 이해가 생겼다는 뜻이다. 반면 통계 자료를 읽고서 '좋아요'까지 누르는 경우는 드물다. 사람들의 경험이 수치로 전환되면 독특한 개성을 지닌 한 개인은 지워진다. 감정을 이입할 대상이 사라진다.

여기서 **질적 연구와 양적 연구의 중요한 차이점**을 하나 이해할 수 있다. 질적 연구의 목적은 일반화가 아니라 독자에게 어떠한 반향을 일으키는가라는 것이다. 일반화를 위해 재단되는 과정에서 소외되어 버리는 개개인의 독특성을 재조명하고, 늘 당연시 지나치던 주변을 새롭게 볼 수 있는 관점을 제시한다. 연구를 읽고 독자의 마음속에서 **울림**(resonance)이 퍼지면 현상을 새로운 시선으로 보게 되고 나아가 행동이 변화된다. 울림(공명)은 질적 연구의 타당도와도 관련되는 개념이다. 잘 쓴 질적 연구를 소개해 달라는 이야기를 들을 때마다 나는 "본인에게 의미 있게 와닿는 연구가 좋은 연구다"라고 말씀드린다. 관심 있는 분야나 개인적 경험과 관련된 주제를 다루는 연구 그리고 어떠한 이유로든 자신의 마음을 건드리고 성찰하게 만드는 연구가 좋은 연구일 것이다.

논문과 연구의 의미

대학원 과정에서는 필수적으로 몇 학기에 걸쳐 연구 방법론 수업을 듣는다. 논문을 쓰기 위해 필요해서다. 보통 논문은 학위를 받기 위한 마지막 단계로만 알고 있는데, 논문을 쓴다는 것은 그것을 넘어선 중요한 의미를 가진다. 대학원생은 논문을 통해 자신이 속한 학문 분야에서 연구자로서의 위치를 드러내게 된다(Phillips & Pughm, 2005). 일반적으로 석사학위는 특정 영역의 상위지식을 습득하였음을 증명한다. 나아가 박사학위를 받는다는 것은 자신의 전공 분야에서 일어나는 일을 잘 알고 있으며, 실질적인 기여를 할 만한 부분을 찾아 연구하여 그 결과를 학문 커뮤니티 안에서 효과적으로 전달할 수 있고, 다른 사람들이 하는 일에 평가를 내릴 수 있으며, 전공윤리를 지키고, 자신의 한계를 인식하는 것 등을 의미한다(Phillips & Pughm, 2005). 그리고 이 과정에서 연구가 중요한 역할을 한다.

연구(research)란 다시(again)와 뒤로(back)의 의미를 갖는 접두사 re와 찾는다는 의미의 search가 합쳐진 re−search(Merriam & Simpson, 2000, p. 5) 과정이라고 할 수 있다. 즉, 연구란 관심이 있는 연구 주제를 '노력을 들여 여러 번', '우연이 아니라 계획을 세워 체계적으로', '새로운 지식을 찾을 때까지' 탐구하면서 유용한 결과를 도출해 가는 과정이다. 그러면 연구하기 전보다 주제에 대해 더 많을 것을 이해하게 된다. 이러한 탐구를 시작하게 된 계기, 연구 과정, 결과, 연구자의 주장을 글로 쓰면 논문이 된다. 자신의 주장이 타당하기 위해서는 연구 과정이 체계적이며 논리적으로 일관되어야 하므로 논문을 잘 쓰려면 연구 방법론을 제대로 배우고 아는 것이 중요하다. 즉, 박사나 석사논문에서 중요한 것은 '주제가 얼마나 훌륭한가?'보다 '방법론을 제대로 이해하고 있는가?'라고도 할 수 있다.

현재 대학원에서 개설되는 연구 방법론 수업은 (특히 질적 연구 수업은) 학생들의 수요에 비해 충분하지 못한 실정이다. 수업을 듣고 혼자 논문을 쓰기에는 부족하다. 그래서 질적 연구로 논문의 방향을 잡고서도 어디서부터 시작해야 할지 알지 못하는 경우도 꽤 된다. 이는 질적 연구 자체가 어려워서가 아니라, 평소 수업과 세미나로 충분히 접하지 못했기 때문이라고 본다. 그러니 "질적 연구는 너무 어렵지 않을까요?"라는 걱정 대신 다양한 질적 논문을 읽어 보길 권한다. 자신과 잘 맞는 주제와 방법론을 찾는다면 동기부여도 되고 연구가 한층 수월해질 것이다.

MEMO

자연과학 vs. 인간과학

질적 연구는 한마디로 정의내리기 어렵다. 다양한 학문 분야에서 여러 창의적 질적 연구가 실행되고 있으며, 그 영역도 빠르게 확장되고 있어서다. 개념정의보다는 질적 연구가 어떻게 관심을 받게 되었는지의 과정을 살펴보면 질적 연구를 이해하는 데 도움이 될 것이다.

질적 연구의 대상은 나무나 돌이 아닌 인간, 그리고 인간이 손길이 깃든 문화와 사람들이 살고 있는 사회다. 그런데 오랜 기간 인간과 문화와 사회를 연구하기 위해서 이미 구축된 자연과학적 방법을 사용해 왔다. 19세기 후반 빌헬름 딜타이(Wilhelm Dilthey)는 자연과학과 인간과학의 목적을 다르게 정의 내렸는데, 먼저 자연과학의 목적은 자연의 대상이 갖는 속성을 연구해서 분류하고 **설명**(explanation)하는 것이라고 하였다(Grondin, 2002). 자연과학은 보는 사람마다 대상을 다르게 설명하면 안 되니까 누가 보아도 그러하도록 연구자와 연구 대상을 분리해서 연구자의 주관성을 배제하고 객관성을 추구한다. 상황에 따라 다른 결과가 나와도 안 되니까 변수를 통제하고 가능하면 주변의 영향을 받지 않도록 실험실에서 연구하기도 한다.

반면 딜타이는 자연과학으로 인간과 사회를 이해하는 것은 문제가 있다고 보고 **인간과학**을 언급하였으며, 정신의 삶을 **이해**(understanding)할 필요성을 강조했다(Grondin, 2002). 따라서 인간과학은 자연과학과는 다른 연구 방법이 요구된다. 적은 수의 사람을 대상으로 하기 때문에 통계는 그다지 적합하지 않다. 또한 사람들을 완전히 통제된 실험실에서 연구하면 윤리적으로도 문제가 되고 인위적인 환경이기 때문에 실제의 삶을 제대로 이해하기 어렵다. 결국 사람들이 자연스럽게 행동하고 살아가는 맥락에 직접 가서 연구하는 방법이 최선이다. 게다가 인간 사회는 끊임없이 변화하고 다양한 변수에 영향을 받는다. 사람들의 말과 행동은 표면적인 뜻뿐만 아니라 암묵적으로 다양한 의미를 갖는다. 그리고 이러한 모든 것에 이들이 (뿐만 아니라 연구자 자신이) 속한 사회와 문화가 영향을 미친다.

그러다 보니, 자연과학이 아닌 인간과학에 적합한 방법론이 필요해졌다. 질적 연구는 이러한 문제의식에서 발전해 왔다. 아직까지는 국내 대학원 논문의 상당수가 양적 논문이지만, 최근에는 질적 논문이 증가하고 있고, 대학원생들의 관심도 높다. 질적 연구가 우선시되는 학과도 늘었다. 물론 오랜 기간 '과학', '일반적', '이성', '논리', '사실', '예측', '통제', '객관성'이 연구의 기준으로 받아들여진 학계에서 '**삶의 맥락**', '**의미**', '**이해**', '**다양성**', '**주관성**' 등의 특성을 지닌 질적 연구를 온전히 수용하기까지는 시간이 더 필요하다. 그러나 최근에는 많은 학문 분야에서 질적 연구의 가치를 인정하고 있으며, 관심의 초점이 더 이상 질적 대 양적 연구가 아닌 잘된 질적 연구 대 부실한 연구로 이동하고 있는 것 같다. 방법론에 대한 이해가 매우 중요함을 다시 한 번 알 수 있다.

질적 연구 vs. 양적 연구

대학원 과정에서의 연구 방법론은 일반적으로 양적·질적 두 가지로 나눈다. 이 둘은 완전히 상반되는 것이 아니라 서로 보완해 주는 역할을 하며 방법론으로서 공통점을 갖는다. 두 방법론 모두 나름의 논리적인 분석 방법을 사용하여 복잡한 현실을 더 잘 이해하는 것이 목적이다. 자료의 출처와 연구 절차를 투명하게 공개해서 증거의 신빙성을 높이고, 자료 분석과 결론 도출 과정이 논리적이고 타당해야 하는 점도 공통적이다(Valentine & Preissle, 2009).

물론 두 연구 방법의 차이점도 크다. 몇 가지 대표적인 예는 아래의 표 1-1과 같다.

표 1-1 질적 연구와 양적 연구의 차이

	질적 연구	양적 연구
연구 설계와 과정	·보다 유연한 설계 ·순환적인 연구 과정	·엄격한 방법론적 규칙 적용 ·순차적 과정
자료 수집	·연구 진행 과정에서 유연하게 변경될 수 있음(연구자가 자료를 미리 규제하지 않음). ·자연적 형태로 자료를 수집	·연구 초반에 자료 수집 결정을 마침(연구자가 자료를 미리 정해 둠). ·자료는 코드화됨.
연구 변수	·개인이 창조하는 의미와 암묵적인 행동, 지식을 연구	·행동이나 관찰 가능한 변수를 연구
작업의 양	·연구 후반에 분석과 이론화 작업이 몰리는 편임(개념작업이 뒤쪽에 몰림).	·초반의 연구 설계 과정이 오래 걸림(개념작업이 앞쪽에 몰림).
분석	·단계가 서로 겹치는 전체적이고 순환적인 분석 과정	·단계별로 일어나는 선형적 분석 과정

결과 보고	· 다양한 자료 제시 방법(예. 글, 표, 개념도, 사진, 예술작품 등)	· 숫자와 통계 결과표 등
논문의 형식	· 서술적이고 비교적 자유로운 문체	· 논문 형식이 일정한 편
컴퓨터 프로그램 사용	· 연구자가 직접 자료를 분석 가능한 형태로 컴퓨터 프로그램에 입력시켜야 함. · 컴퓨터 프로그램은 연구자의 머리에서 일어나는 논리를 기록하는 보조적 역할	· 컴퓨터 프로그램이 논리적 분석 과정을 대신 진행

그 밖에도, 양적 연구는 처음에는 어렵지만 일단 그 과정을 알고 나면 그다지 어렵지 않다고들 한다. 반면 질적 연구는 단순해 보여도 지적인 노력이 많이 요구된다. 또 다른 차이점으로, 양적 연구는 미리 설정한 변수들 간의 관계를 알아보기 때문에 분석의 결과로 새로운 개념이나 아이디어가 나오는 경우는 드물다고 볼 수 있다. 반면 질적 연구는 새로운 아이디어나 통찰이 나오는 경우가 많고 익숙한 것을 새로운 관점으로 조명하는 연구라고 할 수 있다(Valentine & Preissle, 2009).

패러다임

대개 질적 연구를 이해하기 위해서 양적 연구 방법과의 차이점을 비교해 보게 된다. 하지만 질적이냐, 양적이냐의 문제는 기술적인 것이 아닌 연구자들의 근본적 세계관 차이에서 나온다. 어느 누구도 세상을 아무런 가정 없이 바라보지 않는다. 자신이 살아온 경험, 인간관계, 문화 등은 우리가 세상을 받아들이는 렌즈가 되며, 이는 사람마다 다르다. 연구자도 사람이니 마찬가지다. 1960년대 후반 토마스 쿤(Thomas Kuhn)은 『과학혁명의 구조』라는 책을 통해 세상에 대한 사람들의 의견이 **패러다임**(paradigm)에 영향을 받는다고 주장하였다. 패러다임은 특정 이론이나 개념, 방법론적 실천을 공유하는 공동체의 신념체계라고 할 수 있다(Gergen, 2015). 과학적 지식에 대한 공유된 신념체계는 연구자가 하는 모든 연구의 기본 가정으로 작용하며 연구자는 이를 바탕으로 세상을 이해하게 된다. 자신의 패러다임에 적합하게 자료를 해석하고, 이에 반하거나 혁신적인 주장은 받아들이지 않으려는 경향이 있다고 쿤은 설명하였다(Gergen, 2015).

패러다임은 연구에서의 **해석적** 또는 **이론적 틀**(interpretive/theo-retical framework)과도 같다. 이론적 틀에는 여러 가지가 있는데, 실증주의(positivism)와 후기실증주의(post-positivism), 사회구성주의(social constructionism), 해석주의(interpretivism), 상징적 상호작용(symbolic interactionism), 비판이론(critical theory), 페미니즘(feminism), 비판적 인종이론(critical race theory), 포스트모더니즘(postmodernism), 후기구조주의(poststructuralism) 등이 있다.

각각의 이론적 틀은 그 안에 실재(reality)와 지식(knowledge)에 대한 철학적 가정을 내포하고 있는데 이것이 바로 **존재론**(ontology),

인식론(epistemology) 그리고 **방법론**(methodology)이다. 각각의 설명은 다음과 같다.

- 존재론: 실재하는 것들의 본질이 무엇인가?
- 인식론: 지식이란 무엇인가? 연구자와 연구 대상 간의 관계는 어떠한가?
- 방법론: 어떻게 세상을 알 수 있고 지식을 얻을 수 있는가?

존재론, 인식론, 방법론에 대한 연구자의 패러다임은 연구자가 세상을 보는 관점과 행동의 기준으로서 연구 전체에 걸쳐 작용한다. 문헌조사 과정부터 구체적인 현상을 연구하기 위해 계획을 세우고 연구 방법을 선택하는 연구 설계 시에 영향을 미친다. 또한 연구자가 연구 참여자를 만나 자료를 수집하는 과정, 그리고 자료 수집을 마치고 분석과 해석을 할 때도 가이드라인이 된다.

패튼(Patton, 2017, p. 1096)은 연구자의 패러다임에 따라 '진실이란 무엇인가'에 대해 다양하게 답할 수 있음을 다음과 같이 보여 준다.

- **전통적 사회과학** 기준을 따르는 연구자: "데이터에 따라 드러나는 수준에서 진실을 보여 줄 수 있습니다."
- **구성주의자**: "다양한 진실을 보여 줄 수 있어요."
- **예술 기반** 연구자: "아름다움은 진실이에요." "때로는 픽션이 논픽션보다 진실을 더 잘 드러내죠."
- **비판** 이론가: "진실은 개인의 의식에 달려 있죠."
- **참여적** 질적 연구자: "우리는 함께 진실을 만들어 내죠."
- 비판적 변화를 옹호하는 **실천주의자**: "실천(praxis)을 제안하죠. 이곳은 제가 서 있는 곳이에요. 저에게는 이것이 진실이죠."

- **실용주의** 평가자: "무엇이 유용한지 보여드리죠. 유용한 것이 진실이죠."

이처럼 패러다임에 따라 연구자는 각자 다른 각도에서 세상을 비춘다. 논문을 쓸 때는 자신의 철학적 가정을 구체적으로 명시하여 독자에게 연구자의 입장을 알리는 것이 바람직하다.

┏표 1-2┛ 추상적 패러다임과 구체적 연구 방법의 관계

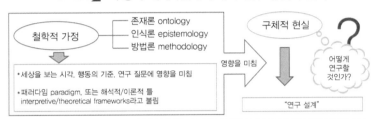

기본적 4가지 이론적 틀	존재론, 인식론, 방법론적 가정	연구 전략	연구 방법
실증주의/ 후기실증주의 Postivism/ Postpositivism (예측)	• 현실주의적 존재론 Realist/Critical realist • 객관주의적 인식론 Objective • 실험 연구, 서베이, 엄격한 기준의 질적 방법론...	• 실험 연구 • 서베이 연구 • 문화기술지 • 근거이론 • 현상학적 연구 • 대화 분석 • 내러티브 분석 • 역사 연구/구술사 • 참여 연구 • 담화 분석 • 자문화기술지 • 푸코식 담론 분석 • 그 외......	• 샘플링 • 측정 • 설문지 • 관찰 • 인터뷰 • 포커스 그룹 • 사례 연구 • 시각적 자료 분석 • 비교 분석 • 인지 지도 • 해석적 방법 • 문헌 분석 • 내용 분석 • 대화 분석 • 그 외......
구성주의/ 해석주의 Constructivism/ Interpretivisim (이해)	• 상대적 존재론 Relativist • 주관적 인식론 Subjective • 자연주의적 방법론 Naturalistic 연구 방법론		
비판주의 Critical theory/ Feminism(s) (해방)	(페미니즘, 비판적 민족 연구, 문화 연구, Marxist, 퀴어이론..) • 유물론적 존재관 Materialist- realist • 주관적 인식론, 자연주의적 연구 방법론		
포스트모더니즘/ 후기구조주의 Postmodernism/ Poststructuralism (해체)	(포스트모더니즘/후기구조주의 페미니즘) • 실제의 경험을 사회적 언어나 논리로 재현 불가능하다고 봄 • 해체, 다양한 목소리를 담기, 성찰적 방법론		

Crotty(1998), Denzin& Lincoln(2014)을 바탕으로 재구성.

실증주의 vs. 구성주의

여기서는 양적 연구와 질적 연구의 대표적인 두 가지 패러다임을 비교해서 살펴보려 한다. 이 둘은 실증주의(그리고 후기실증주의)와 구성주의(또는 사회구성주의)다. 표 1-3에서는 실증주의와 구성주의의 존재론, 인식론, 방법론을 비교해서 설명해 놓았다.

표 1-3 실증주의와 구성주의의 존재론, 인식론, 방법론

패러다임	실증주의 (후기실증주의)	구성주의
존재론	실재하는 것들의 본질이 무엇인가?	우리의 외부에 하나의 실재가 존재한다.	현실은 사회적, 경험적으로 구성된 것이다. 여러 개의 현실이 존재할 수 있다.
인식론	지식이란 무엇인가? 연구자와 연구 대상 간의 관계는 어떠한가?	연구자와 연구 대상은 독립적으로 존재한다.	연구자와 연구 대상은 따로 떨어져서는 존재하지 않는다. 함께 상호작용하며 의미를 구성한다.
방법론	어떻게 세상을 알 수 있고 지식을 얻을 수 있는가?	엄격한 과학적 방법을 통해 세상에 대한 객관적인 지식을 얻을 수 있다.	세상(맥락) 속에서 자연적인 방법을 통해 현상을 이해할 수 있다.

실증주의(그리고 후기실증주의) 연구자들은, 인간이 경험적으로 완전히 이해할 수 있는가와는 상관없이, 저 너머 외부에 실제로 존재하는 하나의 세계가 있다고 본다(Lincoln, Lynham, & Guba, 2014). 이들은 최대한 편견을 배제하고 객관적이며 엄격한 과학적인 방법으로 이러한 세계를 측정할 수 있다고 믿는다. 후기실증주의자들은

자연 현상이나 실재의 정확한 측정이란 어려운 것임을 인정하나, 불완전하지만 최대한 객관적으로 자료를 수집하려 노력해야 한다는 입장이다(Crotty, 1998).

　　구성주의자들은 실증주의자와는 다른 존재론과 인식론을 갖는다. 객관적인 진실이나 실재는 인간의 경험과 따로 동떨어져 존재하는 것이 아니며, 의미 있는 실재란 사람들 사이에서 또는 사람과 세상과의 상호작용 속에서 구성된다고 믿는다. 그렇다고 구성된 지식이 진실이 아니라는 것은 아니다. 현실이란 그렇다고 믿는 사람들의 머릿속에서는 진실로 받아들여지기 때문이다(Crotty, 1998; Marshall & Rossman, 2006). 또한 의미는 구성되는 것이므로 여러 개의 현실이 존재할 수 있다.

　　예를 들면, 개는 오래전부터 인간과 가깝게 살아왔지만 개에 부여하는 의미는 시대와 문화에 따라, 접하는 사람에 따라 상이하고 다양하다. 밤에 우는 동물이라서 악령을 쫓는다거나 충성과 다산의 상징으로도 봤고, 이승과 저승을 연결하는 매개의 기능을 수행하는 동물로 인식되기도 했다. 누군가에겐 어릴 적 물려 본 트라우마로 인해 보기만 해도 끔찍한 대상이기도 하고, 위기상황에서 도움을 받은 누군가에겐 생명의 은인이고, 누군가에겐 자식 같으며, 누군가에겐 집지키는 대상일 뿐이기도 하다. 이처럼 개의 의미는 그것을 경험하는 대상과의 관계 속에서 인식된다. 다른 모든 개념도 그렇다. 우등생, 아름다움, 어린이, 장애인, 예술 등 세상의 모든 개념들은 본질적 특성이 그러해서가 아니라 그 사회의 구성원들이 어떻게 의미를 부여하는가에 따라 다르게 규정될 수 있다(Gergen, 2015).

다양한 질적 연구 방법론과 연구 방법들

"나는 설문지를 취합해서 통계패키지를 이용해 분석을 해야겠다"라고 하거나, "나는 심층 인터뷰와 참여관찰을 통해 사람들의 생각을 알아보고 싶다"고 말한다면, 이는 '**연구 방법**(Method)'에 대한 생각을 나타낸 것이다. 설문지법, 인터뷰, 참여관찰, 포커스 그룹, 문헌 분석 등은 연구 방법의 예다.

그보다 상위단계에는 '**방법론**(Methodology)'에 대한 결정이 놓여 있다. 실험 연구, 문화기술지, 민속 방법론, 현상학적 연구, 근거이론, 실행 연구, 사례 연구, 담론분석, 내러티브 연구, 자문화기술지, 구술사 등이 다양한 연구 방법론의 예다. 질적 연구 분야 속에는 다양한 학문적·철학적 가정하에서 시행되는 여러 방법론이 혼재하기 때문에 "이것이 질적 연구의 전형적인 형식이다"라고 말할 만한 것은 없다. 다만 질적 연구 장르를 크게 분류해 보면 다음과 같은 연구들이 포함된다(Flick, 2014; Marshall & Rossman, 2006).

- 현상학이나 생애사, 상징적 상호작용 등과 같이 **개인의 체험적 삶과 주관적 경험**에 초점을 둔 연구
- 문화기술지나 민속 방법론과 같이 **사회와 문화 또는 사람들이 사회적 상황에서 서로 상호작용하고 행동하는 것**에 초점을 둔 연구
- 사회언어적 접근이나 담론 연구와 같이 사람들의 **언어와 커뮤니케이션**에 초점을 둔 연구
- 구조주의나 정신 분석과 같이 사회 현상의 **암묵적이거나 무의식적인 양상**에 초점을 둔 연구

  방법론적 접근이 다양하기 때문에 처음 질적 연구를 접한다면 어떠한 방법론을 선택할지 혼란을 느낄 수 있다. 우선은 질적 연구라는 큰 범주에서 공통적으로 발견할 수 있는 특성들을 이해하는 것부터 시작하고 특정 방법론에 관심이 생긴다면 그 분야를 더 심층적으로 알아보는 것이 좋다.

  종종 특정 방법론을 반드시 선택해야만 한다는 압박감을 느끼는 대학원생도 있는데, 그럴 필요는 없다. 특정 방법론적 전통을 따르지 않고 심층 인터뷰나 참여관찰 등을 하고 자료를 분석하는 일반적 질적 연구가 있다('총칭하는', '일반적인 명칭'이라는 뜻의 제네릭 (generic)이란 단어를 붙여서 generic qualitative research라고도 한다). 연구 방법에 다양한 전통이 있다는 것을 아는 것은 도움이 되지만 실제로 "어느 한 유형에 의존하지 않고 '질적 연구'나 '현장 기반 연구'라는 일반적인 명칭만으로도 얼마든지 훌륭한 연구를 수행할 수 있다"(Yin, 2013, p. 49).

  만일 현상학이나 내러티브, 근거이론 등과 같은 방법론을 선택한다면, 이 방법론을 탄생시킨 이론적·철학적 배경을 잘 이해할 필요가 있다. 간혹 특정 방법론을 선택한 이유에 대해 "경험의 의미를 연구하기 위해 현상학을 한다"거나 "기왕이면 학위논문인데 이론화까지 하고 싶어서 근거이론을 선택한다"라고 대답하는 사람들을 보는데, 단지 이렇게만 표현하면 해당 방법론에 대한 이해가 부족하다는 생각이 든다. 예를 들어 전자의 경우, 대부분의 인간과학 연구는 인간의 경험과 그 의미를 연구한다. 심지어 양적 연구조차 인간의 경험을 연구한다. 물론 이를 설문형태로 수집해서 수치화시킨 자료를 사용하는 차이가 있다. 따라서 '경험＝현상학'과 같은 등식이 성립될 수 없다. 후설(Husserl)과 하이데거(Heidegger)의 현상학적 철학, 그리고 지향성이나 환원, 생활세계, 판단중지, 자유변경 등의 개념에 대한 이해가 필수적이다. 후자의 경우, 이론화가 모든 연구의 최종 목표가 되어야 하는 것처럼 오해하고 있는 것 같다. 게다가 근거이론 방법론에 대한 철저한 이해가 없이 제대로 된 이론을 도출하지 못한 채 주제 위주의 설명에 머물거나 또는 판에 박힌 패러다임 모형 제시로 끝나는 경우를 많이 본다는 여러 연구자들의 비판(Suddaby, 2006; Tracy, 2020)을 신중히 고려할 필요가 있다.

앞서 말했듯, 잘 구축된 방법론을 연구에 적용할 경우, 해당 방법론의 이론적·철학적 배경, 발전해 온 역사, 핵심 개념 등을 이해해야 한다. 또한 동일한 방법론 안에서도 학자에 따라 상반된 관점을 가지고 서로 다른 접근을 하는 경우가 많기 때문에 자신이 어느 학자의 방법을 따르고 있으며, 그 방법을 어떻게 자신의 연구에 적용했는지 자세히 기술하도록 한다(Charmaz, 2013; Patton, 2017; Vagle, 2018).

어떠한 연구 방법론을 선택할 것인가?

연구 주제를 깊게 고려하지 않은 채 무작정 '질적 연구를 하겠다'거나 '양적 연구를 하겠다'고 결정하는 것은 바람직하지 않다. 물론 현실적인 한계로 인해 연구 방법이 결정되는 경우도 있다. 예를 들어 "조사 연구에서 설문지 회수율이 낮을 때"나 "역사 연구에서 과거 사건을 다룰 때" 또는 "실험 연구에서 필요한 연구 여건을 조성할 수 없을 때" 질적 연구 방법이 선택의 범위를 넓힐 수 있다(Yin, 2013, p. 33). 그러나 우선적으로 고려할 것은 연구 문제에 대한 연구자의 주관적 입장과 이론적 틀을 명확히 하고 나서 이와 논리적으로 연결되는 연구 방법을 선택하는 일이다.

예를 들어, '대학 신입생들의 이성교제에 대한 인식'에 관심이 있다고 하자. 어떠한 관점에서 이 현상을 보고자 하는가? 만일 대학 신입생들이 이성 간의 만남에서 처음 겪는 상황을 어떻게 대처해 가는지 그 **과정**에 관심이 있다면 근거이론을 고려해 볼 수 있다. 또는 이들을 장기간 관찰하면서 어떻게 서로 은밀히 호감을 주고받는지, 주로 만나는 장소나 그들의 **문화**가 어떠한지 궁금하다면 문화기술지가 적절하다. 대학 신입생 시절 이성교제와 관련된 연구자의 **개인적 경험**을 분석하고 확장해 가면서 자신과 사회, 그리고 문화에 대한 이해를 추구한다면 자문화기술지를 선택할 수 있다.

그 밖에도 특정 이성교제 체험의 의미와 같이 참여자가 아닌 **현상자체**에 대한 이해가 주목적이라면 현상학적 연구를 선택할 수 있고, 대학 신입생의 이성교제 관련 경험을 **이야기**의 형태로 수집하여 다시 재구성하면서 이야기의 내용이나 구조를 연구하는 내러티브 연구를 할 수도 있다. 참여자를 직접 만나는 대신 대학 신입생들의 이성교제와 관련된 **문학작품이나 영화, 드라마** 등을 분석할 수도 있고, 참여 연구의 하나인 '포토보이스(photovoice)'(Wang & Burris, 1997)를 활용해서 대학 신입생들에게 자신의 이성교제 경험을 잘 포착하는 **사진**을 마음껏 찍어오도록 하고 함께 사진을 공유하며 이들의 생각을 들어 볼 수도 있다.

따라서 구체적인 방법론을 정할 때는 자신이 연구를 통해 보고자하는 초점이 무엇인지를 구체적으로 생각해 본다. 다양한 질적 연구방법으로 쓰인 아티클을 읽으면서 아이디어를 찾는 것이 좋다. 혼자 고민하기보다는 여러 사람과 이야기해 보는 것도 도움이 된다. 참신한 아이디어는 의외의 장소에서 발견될 수 있다.

MEMO

혼합 연구는 질적 연구를 보완해 주는 것이 아니다

최근에는 한 연구 안에서 양적 자료와 질적 자료를 모두 다루는 혼합 연구에 대한 관심이 높아지는 것 같다. 혼합 연구를 하는 연구자는 현실에 유용하다면 존재론과 인식론의 차이를 크게 개의치 않는 실용주의적 입장을 취한다. 실용주의(pragmatism)는 영원불변한 진리는 없다고 보며 그렇기에 현실을 정확히 반영하는가가 아니라 현실 상황의 구체적 문제해결이나 실천을 위해 어떠한 유용한 시사점을 제시하는가를 중시한다(이유선, 2006). 혼합 연구는 질적 연구에 익숙하지 않은 연구자나 독자에게 보다 익숙하게 다가갈 수 있다. 단, 질적 연구와 양적 연구를 각각 따로 실시하여 나온 결과를 단순히 합친 것보다 더 나은 효과를 가져와야만 혼합 연구의 가치가 온전히 드러난다.

종종 '질적 연구와 양적 연구의 한계를 넘기 위해' 혼합 연구를 하고 싶다고 이야기하는 대학원생들이 있는데, 이는 혼합 연구에 대한 인식부족에서 오는 것이라 생각한다. 혼합 연구는 질적 연구와 양적 연구의 더 나은 해결책이 아니다. 어떠한 연구 방법론이든 나름의 한계가 분명히 존재하며 혼합 연구도 마찬가지다. 혼합 연구를 하려면 이러한 연구 설계를 하는 것이 더 나을 수밖에 없는 연구의 필요성을 제시해야 한다.

혼합 연구에 대한 관심의 증가에도 불구하고 아직까지 이에 대한 찬성과 반대 입장이 나뉜다. 인(Yin, 2013)은 한 명의 연구자가 양적·질적 연구 방법을 모두 익히고 능숙하게 처리하는 것은 쉽지 않은 과제이며, 만일 각각의 방법론을 전공한 두 명의 전문가가 함께 연구를 한다 하더라도 강력한 협업 윤리를 바탕으로 상대방의 전문성을 존중하며 한 명의 목소리가 우세하지 않은 조화로운 혼합 연구를 하는 것은 어렵다고 말한다. 혼합 연구에 대한 대안의 하나로 "질적 연구자와 양적 연구자가 각자의 패러다임에 충실한 연구를 수행하는 가운데 양자의 통합이 개별 연구가 아닌 '연구들의 연구', 즉 '메타 연구(meta‒research)'의 맥락에서 이루어지는 것"(조용환, 1999, pp. 18‒19)을 고려할 수도 있다.

MEMO

제2장

연구 설계

제2장

연구 설계

연구 설계의 중요성

대략적인 연구 주제가 잡히면 누구를 만나서 인터뷰할지부터 고민하는 경우를 자주 본다. 물론 연구 주제에 잘 맞는 참여자를 구하는 일은 질적 연구의 결과를 좌우할 수 있는 중요한 문제이긴 하다. 하지만 이보다 먼저 신경 써야 할 것은 연구 설계다. 실제 현장에 나가기 전까지는 발생할 수 있는 세부사항을 모두 예측하기 어렵겠지만 그럼에도 대략적인 "논리적 청사진"(Yin, 2013, p. 132)을 가지고 시작할 필요가 있다. 그렇지 않으면 인터뷰를 하고 분석을 하면서도 자신이 자료에서 무엇을 찾고 있는지 모를 수도 있다.

물론 질적 연구는 양적 연구에 비해 과정이 유연하다. 프로세스를 엄격히 따르기보다는 개방적인 자세를 취하며 예비 연구를 통해 관심 주제를 탐색하는 것이 권장된다. 현장에서 연구의 주제가 수정되기도 한다. 그렇다고 해서 무계획적으로 연구를 시작하거나 흘러가다 보면 연구가 저절로 진행될 것이라고 생각한다면 좋은 연구는 나오기 어렵다.

연구 설계와는 별도로 예상치 못한 일들은 언제나 발생한다. 갑작스럽게 연구 방법이 변경될 수도 있고, 일단 한두 명의 연구 참여자를 구한 뒤 인터뷰를 시작했는데, 더 이상 적절한 참여자를 찾기 어려워 주제를 변경해야 할 때도 있다. 어찌되었든 연구자가 내리는 모든 결정은 임시방편적이 아닌, 논리적 연구 판단 안에서 이루어져야 한다. 그렇지 못할 경우 논문을 읽는 독자에게 타당도 높은 연구로 받아들여지기 어렵다.

MEMO

연구 주제 정하기

　　　　　　　　질적 연구의 주제는 **중심 현상**이라고도 할 수 있다. 컴퓨터로 논문을 검색할 때 사용하는 키워드, 학회지에 실렸을 때 독자들이 제목을 보고 관심 있어 할 아이디어라고 할 수 있다(Creswell, 2017). 생각보다 많은 대학원생들이 연구 주제 선정에 어려움을 겪는다. 나도 그중 한 명이었다. 박사 논문을 준비하면서 오늘은 이 연구를 하겠다고 했다가, 내일이면 다른 연구를 하겠다고 하는 등 오락가락하니까 같이 수업을 듣는 동기들로부터 "양치기 소녀"라는 별명을 얻기도 했다. 그래서 나는 "대학원에 들어올 때부터 하고 싶던 연구가 있었다"거나 심지어 "이 주제를 연구하기 위해 박사과정을 시작했다"는 학생들이 제일 부러웠다.

　의외로 연구 주제는 연구자의 과거 경험이나 삶과 밀접한 관련이 있는 경우가 많다. 그 외에도 일과 관련된 관심, 미디어에서 논의가 활발히 진행 중인 문제, 장래 연구하고 싶은 분야 등이 주제가 될 수 있다(Creswell, 2017). 마일즈, 휴버맨, 살다냐(Miles, Huberman, Saldaña, 2014, p. 19)는 일상 경험 속에서 다음과 관련된 주제를 고려해 보라고 권한다.

- 어떠한 사실을 듣고 놀랐다. 여기에 대해 더 알고 싶다 (surprise).
- 어떠한 주제에 관심이 간다. 이와 관련된 연구를 하고 싶다 (intrigues).
- 어떠한 주제에 대해 화가 난다. 이와 관련된 연구를 하고 싶다 (disturbs).
- 어떠한 주제에 열정이 있다. 이와 관련된 연구를 하고 싶다 (passionate).

연구 주제에 개인적인 흥미와 열정을 갖는다면 논문 쓰기의 어려움을 더 수월하게 극복할 수 있다. 내 지인 한 분은 은퇴 후 도시를 벗어나 치매노인을 위한 요양원을 차리고 봉사하는 것을 수년 전부터 꿈꿔 왔다고 한다. 그래서 일과 봉사활동, 그리고 대학원 과정을 병행하면서도 시설에 있는 경증 치매노인의 삶에 대한 논문을 잘 마무리할 수 있었다. 만일 개인적인 경험에서 주제를 찾기 어렵다면 일단 문헌고찰을 하면서 자신이 새롭게 기여할 부분이 어디인지 찾아본다.

피해야 하는 것은 연구자가 답을 안다고 생각하거나 자신이 믿는 것을 사람들에게 확신시키기 위해서 연구를 하는 경우다. 그러면 이미 정답을 정해 놓고 그러한 결론이 나오도록 연구 설계를 하려 하기 때문에 논문이 매끄럽게 진행되지 않는다. 그런데도 연구자 본인은 무엇이 문제인지 몰라서 답답해한다. 자신의 경험상 그것이 중요하다는 데에 확신이 있고 그래서 많은 사람들에게도 알리고 싶을 뿐이라고 생각한다. 이해는 가지만, 그럴 경우 논문이 아니라 책을 쓰는 것이 더 적절하다(Phillips & Pughm, 2005).

연구자가 사전에 연구 주제에 대한 가설이 있거나 예상하는 결과 등이 머릿속에 있는 건 자연스러운 일이다. 그렇지만 앞서 re-search를 설명하면서 언급했듯 연구란 새로운 지식과 이해를 가져오는 것이 목적이며, 연구 결과가 연구자의 예상과 전혀 다르게 나올 수도 있다. 오히려 이러한 새로운 통찰이 더 반가워야 할지 모른다. 연구자가 이미 예상한 결과는 독자들 역시 예상할 수 있는 상식 수준에 머물기 때문이다. "겨우 이 말을 하려고 고생해서 연구를 한 거야?"라는 소리는 피해야 한다. 다시 말해, 논문을 쓴다는 건 아직 명확히 결론이 도출되지 않은 것에 대해 질문을 던지고 탐구해 가는 과정이다. 진정한 호기심이 필수다(Kilbourn, 2006).

연구 문제

질적 연구에서는 연구 가설이 아닌 연구 문제를 설정한다. **연구 문제는 연구 주제를 실제 연구로 구체화시키는 데 중요한 역할**을 한다. 앞서 내가 박사과정 때 연구 주제를 못 정했던 우울한 시기를 이야기했었다. 사실 나는 주제뿐만 아니라 연구 문제의 의미도 잘 몰랐던 것 같다. 어렵게 시간을 맞춰 만난 지도 교수님은 정리되지 않은 내 이야기랄까 하소연을 가만히 듣다가 늘 이렇게 물으셨다. "So, what's the problem?" '프라블럼이라니? 이 모든 게 다 문제 아닌가?' 내가 이런 생각에 머뭇대면 교수님은 이렇게 얘기하며 미팅을 끝내셨다. "넌 아직 연구 문제를 못 찾았어. 더 생각해 보고 다시 미팅을 하자."

그 problem이 바로 이 연구 문제다. "나는 ~~을 탐구하려 한다"거나 "이 연구에서는 ~~를 살펴볼 것이다"라는 표현은 연구자가 앞으로 무엇을 할 것인지를 언급하지만 연구의 문제가 무엇인지를 독자에게 알려 주지는 못한다(Kilbourn, 2006, p. 538). 연구자는 주제에 대한 개인적 관심이나 궁금증을 연구 문제로 변환시킬 수 있어야 한다. 연구 문제는 찾는다기보다 "구성(construct)"되거나 "개발(develop)"된다(Kilbourn, 2006, p. 538). 연구 문제를 구성할 때 도움이 되는 질문들은 아래와 같다.

- 시간을 들여 체계적으로 살펴보고 싶은 문제는 무엇인가?
- 왜 이 시점에서 이 문제를 다루는 것이 중요한가?
- 지금까지의 연구를 바탕으로 이 주제에 대해 이미 알고 있는 것은 무엇인가?
- 어떠한 연구가 부족한가? 무엇을 모르고 있는가?

- 누가 관심을 가져야 할 독자이며, 이들이 왜 이 문제에 관심을 가져야 하는가?

MEMO

연구 목적과 연구 질문

지금까지 연구 주제와 연구 문제를 알아봤다. 그러면 이러한 문제를 해결하기 위해서 이 연구가 기여하려는 연구의 목적이 명확해진다. 이제 할 일은 그 **연구 목적을 달성하기 위한 구체적인 연구 질문**을 만드는 것이다. 연구 질문은 보통 2~4개 정도로 구성되며 현장에 나가서 어떠한 부분을 중점적으로 탐색할지 초점을 좁혀 주는 역할을 한다. 아지(Agee, 2009)는 좋은 연구 질문이 반드시 좋은 연구로 이어지는 것은 아니지만, 부실하게 구성된 질문은 나중에 연구의 모든 단계에 영향을 미칠 수 있다고 경고한다.

물론, 연구 질문이 처음부터 완벽하게 기술되기는 어렵다. 일단 처음에는 잠정적이고 포괄적인 질문으로 시작하면서 자신이 정말 알고 싶은 것이 무엇인지, 현장에서는 어떠한 일이 일어나고 있는 건지 살펴본다. 예비 연구나 문헌고찰은 연구 질문을 구성하는 데 도움이 된다. 또한 자료 수집이나 분석 과정에서 질문이 새롭게 생겨나기도 한다(Agee, 2009). 그러므로 처음부터 모든 질문이 완전히 결정되어야 한다는 부담감을 느낄 필요는 없다. 연구 질문이 구체화되는 것은 마치 헬리캠을 띄우고 넓게 살펴보다가 점차 관심 가는 대상 쪽으로 카메라를 가까이 가져가는 것과 같다(Agee, 2009).

좋은 연구 질문의 특징을 몇 가지 살펴보면 다음과 같다(Agee, 2009).

- 열린 질문의 형태다. 무언가를 증명하려고 하지 않고 마음을 열고 새로운 것을 배우려는 질문이다.
- 질문에 잘못된 가정을 넣지 않는다(만일 "알코올 중독 남편의 가

정 폭력은 어떠한 계기로 시작되는가?"라는 질문이 있다면 여기에는 알코올 중독이 폭력 행동으로 이어진다는 잘못된 가정이 들어 있다.)

- 실증적 증거로 답을 할 수 있는 질문이어야 한다. 이 말은 질문에 대한 답이 이론이나 개념적 용어와 같이 추상적으로 표현되는 것이 아닌, 특정 장소와 특정 상황에서 특정 사람(집단)들과 관련된 구체적인 내용으로 드러나야 한다는 말이다.

그림 2-1 관심 영역, 연구 주제와 연구 문제
그리고 연구 질문으로 좁혀 가기

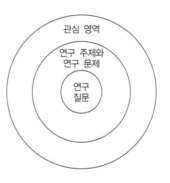

이론적 틀과 개념적 틀

논문을 쓸 때는 가능하면 자신의 **이론적 틀**(theoretical framework)을 명확히 기술하는 것이 좋다. 이론적 틀은 연구자가 세상을 이해하고 지식을 추구하는 기본적 신념체계, 연구와 관련된 중심 이론, 또는 **연구자의 렌즈**라고 말할 수 있다. 연구자가 이해하고자 하는 현상과 연구 질문, 이를 바탕으로 구성한 자료는 모두 명시적이거나 암묵적으로 이론적 틀의 영향을 받는다(LeCompte, 2000). 그뿐만 아니라 이론적 틀은 연구 결과를 해석하는 데에도 영향을 미친다. 이론적 틀이 없으면 수집한 자료를 어떻게 이해해야 하는지 알기 어렵다. 예를 들어 연구자의 이론적 틀을 형성한 지적 전통이 사회적 구성주의나 상징적 상호작용 또는 비판 이론이라면 이러한 렌즈가 연구 전체에 영향을 미치게 된다. 또는 메지로우의 전환학습이론이라든지 반듀라의 자기효능감 이론과 같은 다양한 실증적 이론이 이론적 틀이 될 수도 있다.

그럼에도 불구하고 논문에서 자신의 연구의 기반이 되는 이론적 틀을 분명히 제시하지 못하는 경우가 많다. 라비취와 뤼건(Ravitch & Riggan, 2017)은 질적 연구가 가설이나 이론을 검증하기보다는 자료에서부터 결과를 도출해 가는 귀납적 특성을 가지기 때문에 사람들이 질적 연구에 이론이 필요 없다거나 사용되지 않는다고 생각하는 오류를 지적한다. 이들은 "이론이 없는 연구는 불가능하다"는 슈완트(Schwandt, 1993, p. 7)의 말을 인용하며 이론적 틀의 중요성을 강조한다. 이론적 틀이 불분명하게 쓰인 논문은 논문 심사나 학회지에서 종종 거절당하는 이유가 되기도 하지만 여전히 많은 사람들이 이론적 틀이 무엇인지 혼란스러워 한다고 말한다.

라비취와 뤼건(Ravitch & Riggan, 2017)은 다른 사람의 논문을 읽으면서 이론적 틀이 결여되었다는 건 쉽게 알 수 있지만 막상 본인의 연구에서 이를 구체적으로 기술하기란 쉽지 않다고 말한다. 자신의 이론적 틀을 명확히 하려면 먼저 본인의 학문 분야를 고려한다. 분야에 따라 동일한 주제를 다루더라도 다른 부분을 강조하기 때문이다. 예를 들어, '성인들의 학습'이라는 동일한 주제를 가지고 심리학에서는 개인의 자존감이나 성인 후기의 발달 단계 등에 초점을 맞출 수 있고, 교육학인 경우 성인 대상 교수법이나 커리큘럼 개발을 다룰 수 있으며, 사회학에서는 성인 학습자들의 상호작용을 본다든지, 경영학에서는 성인 학습기관의 운영과 기관장의 리더십에 초점을 둘 수 있다. 또한 자신이 주로 읽는 학술지가 무엇인지를 보면 관심 있는 저자나 자주 사용되는 개념, 이론, 변수 등을 파악할 수 있다. 이러한 것들이 모두 연구자의 이론적 틀을 형성한다.

반면 **개념적 틀**(conceptual framework)은 구체적으로 해당 연구에 포함되는 구성 요소들 간의 관계에 초점이 맞춰져 있으며, 연구자가 문제를 바라보는 통합된 방식이라고 할 수 있다(Ravitch & Riggan, 2017). 연구하려는 주제가 왜 중요한지, 왜 이러한 방법으로 연구를 하는 것이 적절한지를 독자들에게 논리적으로 전달하며 연구에서 사용된 변수와 개념들, 연구의 범위, 다루어질 내용, 연구 결과의 적용 범위를 대략적으로 설명해 준다. 개념적 틀은 미리 만들어진 이론을 사용하는 것이 아니라 연구자에 의해 구성되는 것이며, 탐색하려는 영역에 대한 현재 버전의 지도다(Ravitch & Riggan, 2017). 연구자에 따라 이론적 틀과 개념적 틀을 혼용해서 사용하기도 하는데, 중요한 것은 어떠한 방식으로든 연구를 바라보는 자신의 관점이 머릿속에서 구체화되어 있어야 한다는 점이다.

연구자의 주관성

질적 연구가 양적 연구와 비교하여 차이를 보이는 여러 요소 중에서 두드러진 것이 바로 '**연구자의 주관성에 대한 진술**(subjective statements)'이다(positionality 또는 positioning이라고 쓰이기도 한다). 이것은 "연구자가 연구하려는 대상과의 관계에 대해 요약한 글"(Preissle, 2008, p. 844)이라고 할 수 있다. 주로 연구자 자신의 경험, 정체성, 젠더, 인종, 신념 등 개인적인 위치를 밝힘으로써 연구자가 왜 이 연구 주제에 관심을 갖게 되었는지, 어떠한 편견이 개입될 수 있는지, 연구의 한계는 무엇인지 등을 진정성 있게 보여 주는 것이 목적이다.

예를 들어 한 정치인이 특정 정책과 관련하여 "나는 어떠한 경험을 하였고, 어떠한 교육을 받았으며, 나에게 영향을 미친 이론이나 사회 현상은 무엇이고 이를 통해 구체화된 나의 신념과 세계관은 어떠하다. 따라서 나는 이러이러한 부분에 관심이 있고, 이런 면에서는 반대하고 있다"는 자신의 입장을 밝힌다고 가정해 보자. 우리는 그 사람의 정치 철학에 동의하지는 않더라도 해당 정치인의 행동과 주장의 근거를 명확히 알 수 있다. 그에 반해 자신의 주관성에 대해 모호한 태도를 나타내거나 아예 잘 드러내지 않는다면 그 사람의 행동이나 주장에 신뢰를 갖기 어렵다. 실제 미국 대선 후보들을 대상으로 분석해 본 결과, 어설프게 포장된 모습이나 진정성이 없어 보이는 후보들의 경우 정치적 현안에 대한 높은 이해도에도 불구하고 최종 선거에서는 패배한 것으로 드러났다(Henneberger, 2013).

비슷한 이유에서 연구자의 주관성 인식은 중요하다. 아이디어를 찾고, 자료를 모으고 분석하고 결론 내어가는 연구의 전 단계가 특정 위치에 서 있는 연구자의 주관성에 영향을 받기 때문이다

(Bourke, 2014). 그럼에도 불구하고 자신의 관점을 모호하게 하여 마치 객관적인 사실을 보고하듯 하는 것은 질적 연구에서 바람직하지 않다. 연구자의 주관적 입장을 명시하는 것이 질적 연구에 익숙하지 않은 독자들에게는 어색하게 느껴지거나 연구 결과에 대한 신뢰감을 낮출지도 모른다. 그렇지만 프라이슬리(Preissle, 2008)의 말대로 주관성에 대해 아무런 언급을 하지 않는 것은 질적 연구에 대해 지식이 있는 독자들로 하여금 무언가가 누락된 듯한 의심을 가지게 만들 수도 있다.

연구자 스스로 인식하지 못했던 연구자의 주관성은 자료 수집이나 분석, 성찰 단계에서 새롭게 드러나기도 한다. 예를 들어, 초보 연구자들의 인터뷰 경험에 대한 로울스톤, 드마레이스, 루이스(Roulston, deMarrais, & Lewis, 2003)의 연구에 참여한 한 대학원생은 본인이 직접 실시한 인터뷰 사례들을 성찰하는 과정에서 자신이 참여자에게 원하는 답을 끌어내려고 애썼다는 사실을 시인했다. 왜냐하면 그것이 연구자 개인에게 매우 중요한 이슈였기 때문이다.

주관성에 대한 진술은 고정불변한 것이 아니다. 시간이 지남에 따라 생각이 자연스럽게 바뀌어 가기 때문이다. 또한 주관성을 기술할 때 자신에 대한 개인적 이야기를 장황하게 적을 필요는 없다. 독자들이 궁금한 것은 특정 연구 주제와 직결된 연구자의 경험일 뿐, 연구자가 어떠한 삶을 살아왔는지, 어떠한 사람이 되고 싶은지가 아니기 때문이다.

제3장

자료 구성

자료 구성

자료 구성하기

연구 주제를 이해하기 위해서는 다양한 자료가 필요하다. '**자료**(data)'란 연구자가 주제와 관련해서 현장에서 모아 온 가다듬어지지 않은 재료들을 의미한다. 가장 일반적인 것은 연구자가 녹음해 온 인터뷰 내용과 현장 노트다. 그 밖에도 각종 기록, 회의록, 공문서, 의료기록, 편지, 일기, 신문기사, 광고, 블로그, 이미지, 영화, 동영상 등이 있다. 인공물이나 공예품 등으로 해석되는 **artifact**도 있는데 인간의 기량이나 솜씨, 수공의 결과로 만들어진 것들을 말한다. 예를 들면, 도구, 텍스트, 예술작품, 기념물, 사진 등이 여기에 속한다. 여기에는 이것을 만든 사람과 사용하는 사람들의 문화에 대한 의미가 담겨 있다. 이것들이 어떻게 제작되었는지, 만들어진 역사적 상황은 어떠한지, 어떠한 기능을 하는지,

만들어진 목적은 무엇인지 등을 이해하고 해석하는 것은 참여자들의 물질문화를 연구하는 데에 중심적이다(Schwandt, 2015).

자료는 이미 해석하기 쉬운 형태로 어딘가에 묻혀 있는 것을 캐내는 것이 아니다. 자료는 전공 분야와 관련된 공식 이론이나 과거 경험을 바탕으로 한 암묵적 이론 같은 연구자의 필터로 걸러진다(LeCompte, 2000). 객관적이고 중립적인 자료란 질적 연구뿐만 아니라 심지어 양적 연구에서도 존재하지 않으며 수집 과정 속에서 연구자에 의해 의미가 부여되고 자료로서의 가치가 생겨나는 것이다. 메이슨(Mason, 2013)은 이와 같은 노력을 자료의 창출 과정으로 설명한다.

> 질적 관점에서 보면, 연구자가 사회 현실에 관한 정보를 수집할 때 완전히 중립적일 수는 없으며, 따라서 자료의 **수집**보다는 **창출**이라는 표현이 더 정확하다.... 따라서 연구자는 이미 수집 가능한 상태로 존재하는 자료를 발견하기 위하여 작업하는 것이 아니다. 이보다는 자신이 선택한 자료 출처로부터 최상의 자료를 창출해 내기 위하여 작업하는 것이다. 이러한 이유에서, 질적 연구의 **조사 방법**이라는 용어는 단순히 자료를 얻어 내는 실용적 기법이나 그 절차 이상을 의미하는 것이다. 또한, 이는 자료의 창출 과정에서 이루어지는 지적, 분석적, 해석적 행위도 포함한다(Mason, 2013, p. 82).

결론적으로 연구자는 자료에 대한 전혀 새로운 시각을 가질 필요가 있다. 조용환 교수(2018)의 설명처럼 연구자가 현장에 가기 전에도 참여자들은 그들의 삶을 살고 있었고, 인터뷰와 관찰을 할 때에도 그들의 삶은 지속되고 있으며, 연구자가 현장을 떠난 이후에도 여전히 그들의 삶은 지속된다. 연구자는 단지 그 삶의 흐름 속에 잠시 들어가서 자신의 연구 문제에 답을 밝혀 줄 이야기에 초점을 맞춰서 '자료화'를 하는 것이다(2018년 11월 3일, 교육인류학회 추계 학술

대회). 이렇게 주어진 상황에서 구할 수 있는 자료를 수집하고 이를 활용하는 질적 연구자를 **브리콜로어**(bricoleur)라고 한다. 손에 닿는 대로 주어진 것을 이것저것 써서 만들어 낸다는 단어, 브리콜라주 (bricolage)를 하는 사람이라는 뜻이다.

이 작업이 쉽지는 않다. 연구자가 논문에서 주장하고 싶은 것, 자신의 입장, 원하는 결론이 자꾸 시야를 좁히기 때문이다. 예상과 다른 새로운 정보들에 열린 자세를 유지하기엔 너무 불안할지도 모른다. '내 논문이 산으로 가는 것은 아닌가?' 걱정도 된다. 하지만 논문 심사위원이나 지도 교수로부터 "참여자의 맥락을 더 잘 드러내라"라는 피드백을 받은 적이 있다면 연구자의 시야를 넓혀야 할 시점이다. 자신의 연구 질문과 관련된 내용만을 알고 있는지, 아니면 연구와 별개로 이미 존재하는 참여자의 개별적인 삶을 존중하고 충실히 이해하려 하는지 스스로를 돌아볼 필요가 있다.

그리고 가능하면 "자료 구성"이라는 표현을 쓰는 것이 좋겠지만 "자료 수집"이란 단어를 써도 문제가 되지는 않을 것 같다. 연구자가 자료를 수집하면서 위와 같은 태도를 유지하고, 지속적으로 성찰하고, 이를 연구 방법에 잘 기술한다면 말이다.

다양한 자료 활용

인터뷰 내용, 현장 노트, 문서 등은 하나의 연구 속에서 모두 활용될 수 있다. 다양한 경로를 통해 모아진 자료는 연구 주제를 다각도로 볼 수 있게 도와주기 때문에 연구의 타당도를 높여 준다(타당도 전략의 한 가지인 삼각검증 또는 다각검증이라고 하는 triangulation에 속한다).

자료 수집 전략을 세울 때는 메이슨(Mason, 2013, p. 56)이 제시한 설계표를 활용해 보면 도움이 될 수 있다. 예를 들어 반려동물을 키우는 것이 가족에게 어떠한 의미인지에 대한 연구를 한다고 해 보자. 그러면 다음과 같이 다양한 자료 출처를 고려해 볼 수 있다.

연구 문제	자료 출처와 조사 방법	정당화	현실 여건 (예. 자원, 접근, 기술)	윤리적 문제
1. 반려동물을 키우는 것은 가족에게 어떠한 의미인가?	가족구성원 면접	직접적인 대화를 통해 반려동물에 대한 생각을 가장 세세하게 들을 수 있을 것이다.	반려동물을 키우는 가족 찾기	별로 없어 보이나, 반려동물을 잃게 된 상실 경험을 이야기할 경우 심리적인 어려움을 느낄 수 있으므로 미리 대처가 필요함.
	(잠재적 가능성) 공원이나 반려동물 카페에서 참여관찰	반려동물과 주인의 상호작용을 관찰하는 것이 연구 주제에 대한 이해에 도움이 될 것이다.	주변의 반려동물 카페에 확인이 필요함. 관찰에 필요한 기술이 요구됨.	사생활 침해 문제가 발생할 수 있음.

(잠재적 가능 성) 반려동물과의 사진, 일기, 블로그, 반려동물과 관련된 소품이나 인테리어, TV영상 가족에게 있어서 반려동물의 의미를 알 수 있는 보충 자료로 활용할 수 있을 것이다. 자료의 접근가능성을 확인해 봐야 함. 사생활 침해 문제가 발생할 수 있음. 저작권 문제 확인이 필요함.

MEMO

질적 인터뷰는 여행이다

상대방에 대해 더 잘 알고 싶을 때 가장 먼저 하는 것은 그 사람의 이야기를 잘 들어 보는 것이다. '요즘 관심이 가는 일은 무엇인지?', '가족들과는 어떻게 시간을 보내는지?', '고민되는 일은 무엇인지?' 내 이야기를 하고 싶은 충동을 억제하고 상대방의 이야기에 귀 기울이다 보면 상당히 많은 정보를 얻을 수 있다. 그리고 그동안 상대를 잘 안다고 생각했는데 '모르는 것이 이렇게 많았구나!' 하는 사실을 새삼 깨닫는다. 이와 같이 인터뷰는 질적 연구에서 중요한 자료 수집원으로써 두 사람이 관심 있는 공통된 주제에 대해 이야기하면서 서로의 관점을 주고받으며 의미 있는 정보를 구성해 가는 것을 말한다(Kvale, 1996, p. 2).

크베일과 브링크만(Kvale & Brinkmann, 2009)은 자료 수집을 위해 인터뷰를 하는 사람을 두 종류로 나누어 각각 '광부'와 '여행자'(p. 48)로 비유했다. 전자는 어딘가에 값진 광석이 묻혀 있다는 신념을 가지고 땅을 파는 **광부**와 같은 마음을 가진 연구자다. 따라서 참여자의 이야기를 잘 듣는다면 그 안에서 이미 존재하는 연구 주제에 대한 답을 찾아낼 수 있다고 믿는다. **여행자**로 비유할 경우는 이와 다르다. 여행자는 낯선 곳을 자유롭게 다니면서 그 과정에 다양한 사람들을 만나 이야기를 나눈다. 여행을 마치고 집에 돌아왔을 때는 예전보다 많은 지식을 쌓았을 뿐만 아니라 그 과정에서 스스로에 대한 이해도 깊어진다. 따라서 여행자의 태도를 가진 연구자에게 인터뷰란 참여자와 함께 주제에 대한 이해를 넓혀 가면서 스스로도 기꺼이 변화해 가는 과정인 것이다. 특히 외부에 독립적으로 주어진 실재란 없으며 모든 것은 사람들 사이에서 구성된다고 보는 구성주의적 존재론, 그리고 주관적 대상들 간의 공유된 인식인 상호주관적

인식론에 입각한 질적 연구에서 연구자는 여행자에 가깝다. 실제로 인터뷰를 실시해 보면 종종 예상치 못한 여행이 시작됨을 느낄 수 있다. 연구를 마치면 이 여행이 연구자로서 새로운 성찰을 할 수 있는 기회였다는 것을 깨닫게 된다.

MEMO

심층 인터뷰의 장점과 주의할 점

질적 연구에서 심층 인터뷰는 자료 수집 방법으로써 중요한 위치를 차지한다. 사람들의 행동이나 태도를 형성하는 근본적인 동기와 생각을 직접 들어 볼 수 있기 있기 때문이다. 특히 심층 인터뷰는 설문조사에서 나타날 수 있는 **반응의 편향**을 줄일 수 있다는 장점이 있다(Roller & Lavrakas, 2015). 예를 들어, 설문조사나 구조화된 단답형의 질문을 던질 경우 다음과 같은 편향이 생길 수 있다.

- 사회적으로 좋은 인상을 주려는 것("약자를 배려하려 한다"고 함.)
- 묵인하는 태도("그렇다"라고 하면서 대부분 동의해 버림.)
- 대충 답하는 것(깊게 생각하고 답변하기 부담스러워서 "잘 모르겠다"고 함.)
- 무응답(답변을 생략하고 건너뜀.)

질적 인터뷰는 참여자와 **신뢰 관계**를 잘 형성하는 것이 필수적이며, 이러한 신뢰 관계는 답변 시 나타날 수 있는 편향을 줄이는 데에도 도움이 된다. 또 다른 장점으로는 연구자가 유연하게 질문을 수정할 수 있다는 것이다. 인터뷰를 하는 중간에 적절하게 질문을 수정할 수도 있고, 후속질문을 추가할 수도 있다. 또한 즉석에서 주변의 사진이나 물건 등에 대해 물어볼 수도 있는데, 참여자들이 이 물건과 관련된 추억을 설명하는 과정에서 잊혀진 기억을 떠올릴 수도 있다.

반면, **인터뷰의 어려움**도 있다. 참여자들의 기억이 불완전할 수도 있으며, 연구자가 듣고 싶어 한다고 생각되는 이야기만 하거나 연구 주제에 대해 잘 모를 수도 있다. 연구자와 라포형성이 잘 안 되거나 연구자의 의도를 의심할 수도 있다. 연구자 역시 수집된 자료를 편견을 가지고 볼 수 있다. 예를 들어, 30대의 중산층 박사과정 대학원생이 자신이 한 번도 경험하지 못했던 문화에 속한 참여자를 인터뷰할 경우, 연구자와 참여자가 서로의 이야기를 편향되게 받아들일 수도 있다. 연구자의 개인적 가치나 신념도 영향을 미친다. 연구자가 종교적 다양성을 수용하고 서로 연대하는 것에 강한 신념을 가지고 있을 경우, "특정 종교만이 옳고 나머지는 만들어진 거짓신화"라고 믿는 참여자의 답변에 반감을 느낄 수 있을 것이다.

편견 외에도 질적 인터뷰 시 참여자가 느낄 수 있는 권력 관계도 풍부한 이야기를 수집하는 데 방해가 될 수 있다. 연구자가 일방향적으로 질문을 한다든지, 인터뷰 상황을 통제하는 듯한 태도를 보인다든지 또는 참여자가 민감해하는 부분에 대해 무심한 태도는 취한다면 참여자는 마음을 닫을 것이다(Seidman, 2009). 이와 같은 장점과 한계를 인식하고 연구를 진행한다면 인터뷰는 연구 현상에 대한 새롭고 풍부한 통찰을 가져다준다.

인터뷰 참여자 선정

'직장인들이 일과 삶의 균형을 어떻게 유지하는가?'에 대한 인터뷰를 한다고 가정해 보자. 어떠한 직장인과의 대화에서 주제와 관련한 풍부한 이야기가 나올 수 있을까? 아마도 현재 가정생활과 업무과다 속에서 고민해 본 경험이 있거나, 자신의 어려움을 토로할 대상이 필요했거나, 자신만의 노하우로 일과 삶을 잘 병행하고 있는 직장인 등이 적절한 인터뷰 대상이 될 수 있을 것이다. 인터뷰를 위해 잠시 시간을 할애해서 연구자와 마주 앉아 이야기해 줄 의향이 있어야만 하는 것은 물론이다. 다시 말해서, 인터뷰로 의미 있는 자료를 모으려면,

- 연구 주제에 대한 직접적인 경험이나 자신의 의견이 있으며,
- 이를 말로써 잘 표현할 수 있고,
- 인터뷰에 응할 의향이 있거나 여건이 되는 참여자를 선정해야 한다.

질적 연구에서는 이러한 대상이 과연 누구일지를 고려해서 가장 적절한 대상을 연구자가 의도적으로 선택한다. 이를 **목적 표집/의도적 표집**(purposive sampling)이라고 한다. 이것은 일반화할 수 있도록 무선 표집(random sampling)을 하는 양적 연구와는 근본적으로 다른 접근이다. 그렇기 때문에 단순히 일반화를 잣대로 질적 연구의 질을 평가하려는 것은 질적 연구의 목적에 대한 이해 부족이라고 할 수 있다. 게다가, 어떠한 사례인가에 따라 하나의 사례를 근거로 하는 일반화도 가능하다(Flyvbjerg, 2014). 플루비아는 사례 연구가 다른 방법을 보완하는 방법이나 대안적인 방법으로 일반화를 통한 과

학 발전에 중요한 역할을 함에도 불구하고 "사례의 힘"과 전달 가능
성이 과소평가된 반면, 형식논리를 활용한 일반화는... 과대평가 되
어 있다(Flyvbjerg, 2014, p. 450)고 지적한다.

다양한 의견, 상반되는 의견을 수집할 수 있도록 설계

목적 표집 시 주의할 점이 있다. 연구자가 듣고 싶은 이야기를 해
줄 참여자만 인터뷰하는 것은 바람직하지 않다. 예를 들어, 특정 프
로그램의 효과를 평가하면서 긍정적인 반응을 보인 사람만 인터뷰
한다면 제대로 된 평가 결과를 도출하기 어렵다. 연구자가 미리 정
한 가설을 확인하는 셈이 되어 연구 결과가 뻔하게 나오거나 편향될
수 있다. 이를 보완하기 위해서는 상반되는 이야기, 반대되는 의견
도 말해 줄 수 있는 참여자를 포함하는 것이 좋다. 성별이나 나이,
사는 지역 등의 차이를 두어도 좋고, 기타 다른 변수를 고려해서 최
대한 목적 표집 내에서 다양성을 추구하도록 한다.

너무 가깝지 않은 참여자

평소 가깝게 지내던 사람을 연구하는 것은 신중하게 고려할 문제
다. 익숙함이 새로운 통찰을 가져오는 데 방해가 될 수 있기 때문이
다. 그 외에도 가까운 사람을 연구하다 보면 그 사람에 대해 전에
몰랐던 사실을 알게 될 수도 있는데, 이것이 추후 서로의 관계를 어
색하게 만들 수도 있다(Seidman, 2009). 우연히 속마음을 털어놓은
사람을 다음에 만났을 때 느껴지는 쑥스럽고 불편한 느낌과 같다.
만일 같은 회사에 근무하는 사람을 인터뷰한다면 민감한 회사 내부
사정을 알게 될 수도 있고, 연구 결과로 쓰여졌을 때 내부 정보 유
출이 문제가 될 수 있다.

물론 평소 잘 알던 사람을 인터뷰하는 것의 장점도 있다. 전혀 모
르는 사람과의 대화보다는 편하게 이야기를 시작하게 되며, 서로에

대해 미리 알고 있던 부분에 더해져 깊이 있는 이해가 가능할 수도
있다. 자전적 연구나 자문화기술지 등에서는 종종 가까운 사람과의
대화가 연구의 자료로 쓰이기도 한다. 주의할 점은 연구자가 단지
쉽게 참여자를 찾을 수 있다는 이유만으로 주변 사람을 인터뷰하는
것은 피해야 한다는 것이다.

인터뷰 참여자의 수

인터뷰와 관련해서 늘 따라오는 질문은 "인터뷰는 최대 몇 명을
하는 게 좋은가?"이다. 여기에 정답은 없다. 내러티브 연구처럼 소수
의 사람을 심도 있게 여러 번 면담할 수도 있고, 단기간에 수십 명
의 사람과 짧게 면담할 수도 있다. 생애사 연구처럼 단 한 사람의
이야기를 다룰 수도 있다. 어떠한 선택을 하였든, 연구 주제에 대해
다각적인 관점을 보여 주는 자료를 충분히 얻었다고 판단되는 경우
나 현실적인 여건(시간이나 자원의 한계)이 안 되는 경우에 인터뷰
자료 수집을 마치게 된다. 참여자의 수보다 더 중요한 것은 인터뷰
내용이다. 인터뷰 질문, 인터뷰 기술, 태도, 신뢰 관계, 기타 환경적
요소 등이 인터뷰 자료의 질을 좌우한다. 따라서 '몇 명을 인터뷰해
야 하는가?'의 질문보다는 '인터뷰가 충실히 이루어지고 있는가?'에
대한 질문을 스스로에게 던져 보는 것이 중요하다.

인터뷰는 쉽지 않다

　　　　　　　　인터뷰는 대부분의 질적 연구에서 빠지지 않고 사용되는 중요한 자료 수집 방법의 하나다. 참여자의 관점에서 연구 현상을 바라볼 수 있는 창이 되어 주기 때문이다. 하지만 때로 인터뷰 참여자들의 이야기를 그대로 믿어야 하는가에 대한 의구심이 들기도 한다. 자신에 대한 좋은 인식을 심어 주기 위해서 솔직하지 않게 말한다든지 연구자가 듣고 싶어 할 만한 이야기만 하는 경우 자료의 진실성이 문제가 될 수 있다.

　이러한 이유에서 연구자가 조금이라도 영향력을 발휘할 수 있는 위치의 참여자를 인터뷰하는 것은 바람직하지 않다. 담임 선생님이 자신의 반 학생들을 인터뷰한다고 해 보자. 학생들은 선생님께 솔직한 속마음을 이야기하기 어렵다. 같은 부서의 부하직원을 인터뷰하는 것도 비슷한 문제를 야기한다. 어떻게든 연구자에게 잘 보여야 할 입장에 있는 사람들을 참여자로 선택하는 것은 부적절하다. (실제로 본인의 부서에서 일을 못하는 직원과 잘하는 직원을 비교 연구하고 싶다는 팀장, 본인이 실행한 프로그램을 교사들이 어떻게 생각하는지 알고 싶다는 교장 선생님을 만난 적이 있다.)

　인터뷰는 쉽지 않다. 연구자가 질문한다고 해서 참여자들이 모두 준비된 듯 이야기를 해주는 것도 아닐 뿐더러 연구 질문을 잘 이해하지 못하거나 이해했더라도 적절하게 설명하지 못하는 참여자들도 있다. 따라서 인터뷰란 연구자가 투명한 창을 통해 참여자를 들여다본다기보다 "뿌옇게 흐려져 있고, 얇은 베일이 드리워져 있으며, 더러워진 창문을 통해"(Roulston, 2014, p. 297) 그들을 보려는 노력이다. 여기에 더해서 인터뷰 진행 당시의 상황이나 참여자 배경에 대한 기본적 정보가 분석에 함께 고려되어야 한다. 이런 이유에서 참

여자의 주관적 경험을 연구할 때는 자료를 수집한 연구자가 직접 전
사를 하고 분석하는 것이 가장 적절하다.

MEMO

인터뷰 준비

인터뷰를 하기 전에 준비할 몇 가지가 있다. 어떠한 종류의 인터뷰를 할지 결정하고, 연구 동의서와 인터뷰 프로토콜을 만들고, 인터뷰 장소와 녹음 장치를 점검하는 일이다.

인터뷰 종류

인터뷰에는 여러 종류가 있다. 직접 얼굴을 맞대고 하는 개별 인터뷰가 가장 일반적이다. 지리적으로 멀리 떨어져 있다면 전화나 스카이프 혹은 화상통화로 인터뷰를 할 수 있다. 온라인 인터뷰도 있다. 이 경우 참여자와 이메일을 주고받거나 채팅방에서 대화를 나누기도 한다. 이 밖에도 포커스 그룹(focus group)으로 동시에 여러 명의 참여자가 하나의 주제를 놓고 의견을 나누기도 한다. 포커스 그룹의 경우, 주제에 대한 경험이 있는 여러 참여자가 모여서 이야기를 나누다 보면 집단의 상호작용이 발생해서 개별 인터뷰에서는 나오지 않았던 새로운 통찰이나 갈등, 다양한 관점이 나오게 된다. 따라서 포커스 그룹으로 나온 자료를 분석할 때는 주제에 대한 다양한 관점뿐만 아니라 참여자들의 상호작용과 의견의 불일치 지점, 침묵과 비언어적 요소 등 맥락을 신중하게 고려한다(Barbour, 2014).

연구 동의서

참여자를 만날 때는 미리 준비해 둔 연구 동의서를 지참한다. 동의서에는

- 연구의 주제, 연구 목적, 연구 기관, 지도 교수, 연락처
- 필요시 언제든 중간에 그만둘 수 있는 참여자의 권리

- 향후 발생할 수 있는 위험 여부
- 연구의 결과로 참여자나 사회에 도움이 되는 부분
- 인터뷰 내용과 참여자 정보에 대한 철저히 비밀 보장
- 인터뷰를 한 이후라도 참여자가 원할 시에는 언제든지 인터뷰 내용을 연구에서 삭제할 수 있다는 점

등을 글로 명시하고, 말로 다시 한 번 설명한다. 참여자와 연구자가 연구 동의서에 서명한 뒤 각각 한 장씩 나눠서 보관한다.

인터뷰 프로토콜

인터뷰를 하러 가서 참여자와 나눌 이야기와 인터뷰 질문을 잊지 않기 위해서는 인터뷰 프로토콜을 준비한다. 여기에는 다음과 같은 내용을 적어 둔다.

- 인터뷰에 대한 기본 정보
  날짜와 장소:
  인터뷰 한 사람:
  인터뷰 대상자:
  인터뷰 시간:
- 소개
  연구자 자신 소개
  연구의 목적 설명
  연구 동의서에 서명받기
  인터뷰 구조 설명(녹음, 노트필기)
  참여자에게 질문이 있는지 묻기
  필요한 용어 정의

- 인터뷰 질문
    내용 질문
    탐색 질문
    마무리 질문
- 마무리 지침
    참여해 준 사람에게 감사를 전함
    비밀보장 확인
    필요시 추가 인터뷰 요청
    (만약 물어본다면) 연구 결과를 어디로 보내 줄지 답변

소음 없는 적절한 장소

인터뷰 장소로는 주변에 신경 쓰지 않고 이야기에 몰입할 수 있는 곳이 적절하다. 참여자가 원하는 장소가 있다면 연구자의 상황이 허락하는 한 우선적으로 고려한다. 인터뷰는 연구의 목적에 따라 짧게는 30분에서 많게는 서너 시간까지 갈 수도 있다. 이 시간 동안 주고받은 내용을 모두 수기로 적기는 어렵다. 따라서 참여자의 동의하에 녹음을 한다. 단, 녹음기에만 의지하지 말고 필기도구를 준비하여 참여자에게 더 심층적으로 묻고 싶은 질문이나 떠오르는 생각을 적는다. 참여자의 비언어적인 표현도 분석에 도움이 될 수 있으므로 필요시 기록하는 것이 좋다.

인터뷰를 보는 여러 이론적 개념들

질적 연구에서 인터뷰를 하는 하나의 방식이나 정답은 없다. 인터뷰가 늘 동일한 방식으로 진행되는 것도 아니다. 자료 수집 방법은 질적 연구에 대한 연구자의 패러다임에 영향을 받으며, 인터뷰 역시 그러하다. 로울스톤(Roulston, 2014)은 인터뷰를 보는 여러 이론적 개념들에 대해 설명하였는데, 그중 몇 가지를 살펴보면 다음과 같다.

실증주의자들은 참여자의 말이 이들의 현실을 드러낸다고 보고 미리 정해진 질문에서 벗어나지 않은 채 객관적인 질문을 한다. 이들은 연구자 자신의 개인적 의견이나 경험을 드러내지 않기 위해서 답변을 자제하는 편이다. 하지만 참여자들이 늘 진실을 말하거나 또는 말한 대로 행동하는 것이 아닐 수도 있고, 연구자도 자신의 주관성이나 신념에서 자유로울 수 없다는 한계를 가진다.

인터뷰에 대해 로맨틱 접근을 취하는 입장에서는 참여자와 라포 형성을 위해 노력하고 참여자와 개인적인 의견을 공유하면서 자기를 개방하고 진정성을 추구한다. 이들은 참여자와 비위계적인 협력 관계를 맺으면서 참여자를 공동 연구자로 여긴다. 그러나 열린 질문을 한다고 해도 연구자 자신의 편견을 완전히 없애는 것은 불가능하며 참여자의 마음을 정확히 반영하기란 어렵다는 한계를 가진다.

구성주의자들은 인터뷰를 참여자의 생활세계 안에서 일어난 하나의 문화적 사건으로 본다. 이들은 자료가 참여자의 내면이나 외면 상태를 비추는 것이 아니라 국지적인 사회생활을 참여자의 언어로 설명한 것이라고 보고 연구자와 참여자가 함께 인터뷰 자료를 공동으로 구성한다고 본다. 그러나 구성주의자들은 인터뷰 상호작용에 대한 관점을 지나치게 강조한다는 비판을 받기도 한다.

　　그 외에도 인터뷰를 보는 다양한 이론적 개념들(예. 전환적, 포스트 모던, 해방적)이 있다(Roulston, 2014). 연구자는 자신의 이론적 틀, 그리고 자신이 선택한 특정 연구 방법론의 근간이 된 철학적·이론적 배경을 염두에 두고 적절한 인터뷰 방식을 취할 필요가 있다. 모든 인터뷰가 완벽할 수는 없다. 인터뷰로 나온 자료가 현실을 객관적으로 비추는 것이 아니라 특정 연구 목적을 위해 취해진 것임을 인지하며 자료 수집 과정과 연구자의 역할에 대해 성찰적 태도를 취하는 것이 바람직하다(Kvale & Brinkmann, 2009; Seidman, 2009).

MEMO

참여자에 대한 배려와 라포형성

초보 연구자의 경우 인터뷰 능력에 대한 불안감이나 어색함 해소에 신경을 쓰는 나머지 참여자를 살피는 능력이 부족할 수 있다. 인터뷰의 기본은 참여자의 입장에서 생각해 보는 것이다. 참여자 역시 처음 만난 연구자와 마주보고 앉아서 본인의 이야기를 허심탄회하게 말하기 어렵다. '어떠한 질문을 받을지', '혹시 답을 하지 못하는 것은 아닌지' 하는 마음에 긴장되기도 한다. 연구자는 인터뷰 분위기가 편안하도록 신경 써야 하는데 아래의 방법이 도움이 될 수 있다.

- 서로에 대해 소개를 하고 가벼운 대화를 하면서 긴장을 푼다.
- 비교적 최근 일어난 일에 대해 이야기를 나누다가 점차 과거의 일로 진행한다.
- 연구 주제와 관련해서 쉽게 대답할 수 있는 질문부터 시작하고 점진적으로 생각을 많이 해 봐야 하는 질문으로 넘어간다.
- 필요시 이메일이나 우편으로 미리 인터뷰 질문을 참여자에게 보내서 주제에 대해 생각할 시간을 준다.
- (만일 참여자의 집이나 사무실에서 인터뷰를 한다면) 주변에 있는 물건이나 사진 등을 자연스럽게 언급한다. 그러면 참여자가 자신의 물건이나 사진 등을 설명하면서 자연스럽게 이야기를 주도하게 되고 연구자는 청자의 입장을 유지하면서 편한 분위기가 조성된다. 또한 주변 물건들이 참여자의 기억을 돕는 데에 도움이 될 수 있다.

연구자는 인터뷰 내내 참여자에게 집중해야 한다. 질문을 던져 놓

고 정작 자신은 다음 질문을 할 생각에 빠져서 참여자에게 소홀하면
안 된다. 2012년 국내 한 예능프로에 출연했던 영화 매트릭스의 감독
인 워쇼스키 남매는 한국에 와서 인터뷰를 할 때 시선을 맞추지 않는
기자들과 소통이 단절된 느낌을 받았다고 이야기했다.

　　마찬가지로 인터뷰를 할 때는 최대한 진정성 있는 태도로 참여자
의 이야기에 관심을 집중한다. 단, 필요시 고개를 끄덕이는 정도의
가벼운 반응은 도움이 되지만, 너무 과한 공감은 자제하는 것이 좋
다. 연구자의 개인적 의견이나 경험을 공유하며 참여자의 말에 자꾸
끼어드는 것도 줄인다. 인터뷰 중간에 궁금한 것이 생기면 메모장에
핵심 단어를 간단히 적어 두고 참여자의 대답이 끝나면 물어본다
(Seidman, 2009).

순수한 호기심과 열린 질문

노벨 물리학상 수상자이자 아인슈타인과 더불어 세계적으로 유명한 물리학자인 리차드 파인만(Richard Feynman, 1918 – 1988)은 늘 궁금증이 많았다고 한다. 대학시절 그는 틈만 나면 자신과 관련 없는 전공 학생들이 모여 있는 곳을 찾아다니며 이들이 요즘은 어떠한 것에 관심을 갖는지 물어봤다고 한다. 마찬가지로, 질적 연구자는 연구 주제에 대한 순수한 궁금증을 바탕으로 인터뷰를 해야 한다. "연구자가 이미 답을 알고 있거나 연구 참여자의 반응을 예상할 수 있는 질문"(Seidman, 2009, p. 181)을 함으로써 소중한 인터뷰 시간을 낭비하지 않는다. 또한 연구자가 원하는 답이 나올 때까지 유도성 질문을 던지는 것 역시 피한다.

인터뷰를 할 때는 열린 질문이 효과적이다. 닫힌 질문은 '예', '아니오' 또는 단답형으로 대답할 수 있는 질문이다. "식사하셨나요?", "현재 직업에 만족하시나요?", "바쁘세요?"와 같은 질문이 여기에 해당한다. 물론 닫힌 질문이 필요한 경우도 있다. 참여자에 대한 기본 정보나 구체적인 정보를 물어볼 때라든지 "저는 그 표현을 ~~라고 이해했는데, 제가 제대로 이해했나요?"와 같이 참여자가 한 말을 재확인하면서 이해를 더 명확히 할 때 유용하다.

반면 열린 질문은 다양한 방식으로 대답할 수 있고 생각을 자극하는 질문을 말한다. 열린 질문의 몇 가지 예는 아래와 같다.

- "~~을 경험했던 때를 잠시 떠올려 보시고 그것에 대해 말씀해 주세요."
- "~~라고 말씀하셨는데, 그 부분에 대해 좀 더 자세히 이야기해 주시겠요?"

- "~~인 것은 본인에게 어떠한 의미(느낌/감정)인가요?"
- "~~와 관련된 일화가 있다면 말씀해 주시겠어요?"

때로 인터뷰 질문을 만드는 것에 과도하게 시간을 들이거나, 심지어 다른 사람의 논문에 사용된 인터뷰 질문을 단지 참고하는 수준이 아니라 고스란히 베껴서 사용하는 연구자가 있다. '잘못된 질문을 하면 어쩌나?' 하는 부담이 크기 때문일 것이다. 그러나 인터뷰 질문은 반드시 자신의 연구 목적과 이에 따른 구체적인 연구 질문에서 나온 것이어야 하므로 연구마다 다를 수밖에 없다. 자신의 연구 질문을 적은 뒤 '여기에서 내가 알고 싶은 것은 무엇인가?', '이것에 대해 알려면 어떠한 질문을 하면 좋을까?'라고 스스로에게 물어보며 인터뷰 질문을 만들어 본다.

패튼(Patton, 2017)은 인터뷰에 포함될 6종류의 질문을 제시했다. 이를 골고루 반영해서 다양한 질문을 만들어 본다.

- 경험이나 행동(예. 어떻게 이 일을 시작하게 되셨는지 이야기해 주세요. 최근에는 주로 어떠한 것들을 하시나요?)
- 의견이나 가치(예. 교사로서 자신의 역할을 어떻게 보시는지 이야기해 주세요. 그 경험이 개인적으로 어떠한 의미가 있었나요?)
- 감정(예. 그런 일을 겪은 후 어떠한 느낌이셨는지 말씀해 주세요. 지금도 그런 느낌을 받으시나요?)
- 지식(예. ~~와 관련해서 어떠한 것이 떠오르시나요? ~~는 어떻게 구성되는지 말씀해 주세요.)
- 감각(예. 그때 어떠한 것을 보고 들으셨는지 말씀해 주세요. 주변에는 누가 있었나요?)
- 배경정보(예. 졸업하신 지 얼마나 되셨나요? 가족 관계는 어떻게 되시나요?)

   그 밖에도 인터뷰 질문으로 이상적이거나 전형적인 예, 특별한 기억 등을 물어볼 수 있다. 예를 들어 '이상적인 리더는 어떠한 사람이라고 생각하는가?'라든지 '특별히 경험에 남는 일화'나 '가장 전형적인 예' 또는 '가장 어려웠던 경험'을 물어볼 수도 있고, '만일~~라면 어떨 것 같은가'와 같은 질문을 추가해서 참여자로부터 생생한 경험을 이끌어 내거나 다양한 생각을 해 보도록 돕는 것도 좋다. 실례로, 안젤라 브라운(Angela Browne, 1987)은 지속적인 폭력적 학대에 못 이겨 남편을 살해한 여성들을 인터뷰하면서 이들에게 네 개의 구체적 사건을 말해 달라고 요청했다. 이 질문들은 (1) 처음 폭력이 발생한 사건, (2) '전형적인' 폭력 사건, (3) 가장 '끔찍'하거나 두려웠던 폭력 사건, (4) 인터뷰하기 전 가장 마지막에 발생한 폭력 사건이었다. 브라운은 이러한 네 종류의 사건을 들음으로써 폭력의 심각성과 단계적인 확대, 그리고 시간의 흐름에 따른 폭력 관계의 패턴을 볼 수 있었다고 말한다. 중요한 것은, 참여자들이 편안하게 자신의 기억을 되살릴 수 있도록 충분히 기다려 주며 편안한 분위기를 조성하고 이들이 어딘가에서 들은 이야기가 아닌 자신의 경험을 말하도록 질문을 구성하는 것이다(Flick, 2018).

인터뷰 질문은 유연하게

일반적으로 질적 연구에서는 반구조화 인터뷰(semi-structured interview)가 많이 사용된다. 개방형 또는 비구조화 인터뷰(open/unstructured interview)는 미리 질문 내용을 정해 놓지 않은 채 참여자의 의견을 자유롭게 묻는 것으로써 주로 참여관찰을 하다가 궁금증이 생길 때 사용 가능하다. 반면 반구조화 인터뷰는 미리 준비한 '질문 목록(protocol)'을 가지고 인터뷰를 하다가 참여자들의 반응이나 연구자의 필요에 따라 질문을 첨가하거나 수정하는 방식이다. 유명한 토크쇼 진행자를 연상해 보면 쉽게 알 수 있다. 그들은 준비한 대본을 순서대로 읽기보다는 게스트의 즉흥적인 이야기를 자연스럽게 따라가며 들어 주는 능력이 뛰어나다. 그렇지만 다뤄야 할 몇 가지 주요 포인트를 늘 염두에 두고 있기 때문에 주제에서 많이 벗어났을 경우 이야기를 자연스럽게 원래의 주제로 가져온다.

인터뷰를 하다가 연구 참여자가 주제에서 벗어난 이야기를 오랫동안 한다면 어떻게 할까? 일단은 이런 이야기를 어느 정도 들어 보면서 연구 주제와의 관련성을 생각해 보고 참여자를 배려한다. 주제를 돌리고 싶다면 메모를 해 두면서 "아, 그 이야기가 흥미롭네요. 거기에 대해서는 나중에 시간이 되면 다시 들어 보고 싶습니다. 지금은 먼저 ~~에 대한 선생님의 이야기를 듣고 싶습니다. ~~는 어떻게 시작하게 되셨나요?"와 같이 말하면서 인터뷰의 방향을 바꿔 본다.

인터뷰를 해 보면 그 과정이 연구자의 의도대로 진행되지 않음을 알 수 있다. 그렇다고 너무 걱정하거나 초조해하면 정작 중요한 인터뷰 내용에는 신경을 못 쓴다. 처음 질적 연구를 하는 연구자들은 모든 참여자에게 동일한 질문을 하지 못할 경우 분석에 문제가 되는 것은 아닌지 걱정한다. 이러한 걱정은 '설문지 질문에 모두 체크가 되어야 하는데 결측치는 어떻게 하나?'와 같은 양적 사고에서 나오는 것 같다. 그러나 질적 연구는 양적 연구와 목적 자체가 다르다. 모두가 동일한 질문에 답변하는 것보다 더 중요한 것은 연구 주제를 제대로 이해하는 것이다. 주제에 대한 참여자들의 생각을 잘 포착하기 위해서 때로 질문의 순서가 바뀔 수도 있고, 참여자에 따라 특정 질문은 필요 없을 수도 있으며, 연구가 진행되면서 연구의 초점이 더 명확해져서 질문이 수정되기도 한다. 처음부터 인터뷰 질문이 완벽하게 만들어지는 경우는 별로 없으며 연구자의 인터뷰 스킬이 향상되면서 인터뷰 질문이 더 나아지기도 한다. 만일 모두에게 동일한 인터뷰 질문을 해야 한다는 강박관념에 사로잡혀서 처음 만든 부족한 인터뷰 질문지에 집착한다면 좋은 연구가 나올 수 없다.

탐색 질문을 적절히 활용하기

보통 인터뷰를 하면서 내용 관련 질문에만 신경 쓰고 그 외의 **탐색 질문**을 활용하는 방법은 모르는 경우가 많다. 사실 참여자들에게서 깊은 이야기를 끌어내는 데에는 탐색 질문이 큰 역할을 한다. 그렇게 하지 않은 채 연구자가 준비해 간 내용 질문만 던지고 표면적인 이야기만 나눌 경우에는 나중에 분석을 해도 새로운 이해나 통찰이 나오기 어렵다. 탐색 질문의 몇 가지 예는 아래와 같다.

- 아, 그렇군요. 좀 더 말씀해 주세요.
- ~~라고 하셨는데, 보통 그 다음에는 어떻게 되나요?
- 예를 들어 어떠한 것이 있나요?
- 그래서 어떻게 되었나요?
- '별로였다'라는 것은 어떠한 의미인가요?
- 그것이 어떠한 느낌이었는지 묘사해 주실 수 있으세요?
- 혹시 있다면, 그 상황에서 배운 점은 무엇이 있을까요?

인터뷰 검토

가끔 인터뷰를 잘하는 방법이 있냐는 질문을 받는다. 모든 게 그렇지만 처음부터 인터뷰를 잘하는 사람은 없다. 희망적인 것은 인터뷰는 할수록 점점 더 잘하게 된다는 점이다. 처음 인터뷰를 마치고 나면 바로 새로운 인터뷰를 진행하지 말고 자신의 인터뷰 내용을 점검해 본다. 녹음파일을 들으면서 다음의 사항을 검토한다.

- 연구자가 말을 너무 많이 했나?(인터뷰 시간은 참여자에게 양보한다. 만일 참여자의 말이 끊겼을 때의 정적이 불편해서 말을 많이 한 경우라면, 침묵의 중요성을 이해해야만 한다. 참여자도 질문을 받고 생각할 시간이 필요하다. 조용히 기다리다 보면 참여자가 침묵을 깨고 자신의 이야기를 시작할 것이다. 만일 참여자가 할 말을 다한 경우라면 "다음 질문은 무엇인가요?"라고 먼저 물어볼 것이다.)
- 참여자와 충분한 상호작용이 있을 만큼 인터뷰 시간은 넉넉했나?(시간이 부족하다면 두세 번 인터뷰를 하거나, 이메일 등으로 추가 질문을 해도 좋은지 요청해 본다.)
- 혹시 참여자가 인터뷰 질문에 답을 하지 않았거나, 상관없는 이야기를 한 것은 아닌가?(참여자가 질문을 이해하지 못하는 것인지 아니면 의도적으로 답을 피하는 것인지 구별해서 조치를 취한다.)
- 참여자가 답변하는 중간에 연구자가 자꾸 끼어든 것은 아닌가?(자신의 혀를 꽉 깨물고 말하지 않으려 참아 본다. 그리고 자꾸 끼어드는 자신의 의도를 성찰해 본다.)
- "그러니까…" "또…" "음…"과 같은 의성어를 너무 많이 한 건 아닌가?(그렇다면 사전에 인터뷰 질문을 충분히 외우고 연습하지 않

은 것이다.)

- 인터뷰가 아니라 상담을 하고 있는 건 아닌가?(연구자는 심리상
  담자가 아니다.)
- 인터뷰 질문과 관련이 없는 내용을 자꾸 파헤치고 있지는 않
  나?(연구자의 호기심을 채우려고 과도한 개인정보를 물어본 건 아닌
  지 성찰해 본다.)
- 참여자의 답변을 들은 후 곧장 다음 질문으로 넘어가 버린 건
  아닌가?(탐색 질문을 연습해서 자연스럽게 사용해 본다.)

본 연구를 하기 전에 예비 조사로 미리 인터뷰 실습을 해 보는 것
도 좋다. 이를 바탕으로 만일 정식 인터뷰를 하게 되면 질문을 어떻
게 수정할지, 참여자와의 관계는 어떻게 할지, 연구 주제는 이대로
적절한지, 추후 참여자는 어떠한 사람을 고려할지 결정한다.

인터뷰 내용이 좋았는지를 알 수 있는 기준이 있을까? 아래에서는
자신의 인터뷰 내용을 점검해 볼 수 있는 크베일(Kvale, 1996, p.
145)이 제시한 6가지 기준을 소개한다.

- 참여자가 자발적으로 연구 주제와 관련된 풍부하고 구체적인
  답변을 하였다.
- 연구자의 질문은 짧고, 참여자의 대답이 훨씬 길었다.
- 연구자가 추가적인 질문을 해서 참여자의 답변을 명료화했다.
- 인터뷰를 하는 과정에서 주제에 대한 해석이 어느 정도 이루
  어졌다.
- 연구자가 이해한 내용이 맞는지 참여자에게 확인하려는 시도
  를 했다.
- 추가적 묘사나 설명이 필요 없는 하나의 충분한 이야기가 인
  터뷰 내용에 녹아 있다.

연구자와 참여자 간의 적절한 거리

객관적이고 과학적인 방법을 중시하는 양적 연구에서는 연구자와 참여자 간의 상호작용을 불필요한 것으로 보는 경향이 강하다. 이에 반해 질적 연구는 상호주관적으로 구성되는 지식에 의미를 둔다. 따라서 양적 연구에 비해 연구자의 권위를 덜 강조하고 서로 평등한 관계를 바람직하게 여긴다. 그럼에도 불구하고 연구자와 참여자의 관계는 일반적으로 연구가 끝나면 다시 본래의 자리로 돌아가는 일시적인 것이라고 볼 수 있다. 따라서 연구 과정에서 이미 마무리 시점을 염두에 두고 자신의 역할을 인식할 필요가 있다.

연구자를 참여자에게 어느 정도 드러내야 하는지, 참여자의 호의를 어디까지 받아들여야 하는지, 참여자의 도움 요청을 어떻게 해결해야 할지 등등, 연구 현장에서는 다양한 딜레마 상황이 발생하는데, 이에 대한 정답은 없다. 연구 윤리를 기본으로 하되, 상황에 따른 적절한 대처 능력이 요구된다. 단, 참여자와 너무 가까운 관계가 되는 것은 오히려 연구에 방해가 될 수도 있다. 세이드만(Seidman, 2009)은 예상치 못한 연구 참여자의 저녁식사 초대를 거절하기 어려워서 가족들과 함께 즐거운 식사시간을 보냈다고 한다. 하지만 그후로 참여자와의 관계에서 더 이상 연구자로서 거리를 유지하기 어려웠다고 말한다. 물론 방법론에 따라 입장이 다를 수도 있다. 내러티브 탐구나 자문화기술지 등에서는 참여자와의 자연스런 상호작용 속에서 자료 수집이 이루어지기도 한다.

참여자를 배려하는 연구자의 노력에도 불구하고 종종 '질문을 던지는 입장', '상대방을 관찰하는 입장'인 연구자는 '질문에 답을 하고 관찰되는 입장'에 놓인 참여자에 비해 미묘한 권위나 힘을 행사하게 된다. (때로 반대의 경우도 있다. 기업의 CEO나 유명인을 인터뷰할 경우에는 이들이 인터뷰 질문이나 상황을 주도하려 할 수도 있다.) 따라서 질적 연구자는 자신의 경험, 사회적 위치, 속해 있는 문화 등이 참여자에게 미칠 수 있는 영향을 성찰해 볼 필요가 있다. 그리고 연구자의 눈에 비친 참여자를 글로 서술할 때 이들을 왜곡하거나 잘못 표현하지 않도록 신중을 기해야 한다(Preissle & Han, 2012).

MEMO

연구 참여자의 마음을 헤아리기

적절한 참여자를 구해서 인터뷰를 잘 마치고 나면 정말이지 기쁘고 뿌듯하다. 한 시간짜리 인터뷰를 8~9시간 넘게 걸려 전사(transcript, 인터뷰 녹음 내용을 들으면서 글로 옮겨 적는 것)도 마쳤다. 그런데 참여자에게 연락이 와서 자신의 인터뷰 내용을 삭제해 달라고 말한다면 정말이지 눈물이 날 정도로 안타까울 것이다. 흔한 일은 아니지만 심층 인터뷰를 마친 참여자가 여러 가지 심경의 변화로 연구에서 빠지기를 원할 경우가 있다. 주로 정보나 신분 유출에 대한 불안, 인터뷰 당시 내색하지 못했던 내적 갈등 등이 이유가 될 수 있다. 아쉽겠지만 연구자는 빨리 마음을 다잡아 또 다른 참여자를 구해 인터뷰를 진행할지, 그 한 명을 제외한 채 그대로 논문을 쓸지 결정을 내려야 한다. 잊지 말아야 할 것은, 참여자가 어떠한 이유로 연구에서 제외되기를 바라는지 물어보고 추후 연구에서는 이 부분을 보완하는 것이다(Seidman, 2009).

연구자는 때로 전사한 내용을 참여자에게 보여 주며 제대로 되었는지, 삭제하고 싶은 부분이 있는지 등을 확인하는 경우가 있다(member checking, 참여자 검토라고 하며 질적 연구의 타당도 전략의 하나다. 더 나아가 연구자가 분석한 내용을 참여자와 공유하며 피드백을 요청하기도 한다). 전사한 내용을 참여자에게 보여 줄 때는 세이드만(Seidman, 2009)의 다음과 같은 조언을 고려해 볼 수 있다.

나는 연구 참여자가 원한다면 연구 참여자와 관련된 자료를 공유해 왔다. 특히 면담의 전사본을 공유함으로써 연구 참여자가 상처받을 수 있거나 민감한 내용 또는 부정확한 내용이 있는지를 확인할 수 있도록 하였다. 하지만 이와 같이 민감성이나 부정확성의 문제를 제기할 수 있는 경우를 제외하고는 연구의 최종 보고서는 내가 분석하고 해석한 내용을 토대로 써 왔다. 동시에 나는 de Laine의 원칙(2000, p. 191)을 따르기 위해 노력하였는데, 바로 "내가 연구 참여자에게 직접적으로 말할 수 없는 것은 절대로 글로도 쓰지 않는다"의 원칙이다 (Seidman, 2009, pp. 209-210).

마지막으로, 참여자에게 연구자만큼의 열정을 기대해서는 곤란하다. 인터뷰에 적극적인 참여자도 있지만, 막상 인터뷰를 하겠다고 동의했으면서도 질문에 성의 없이 대답을 하는 사람도 있다. 일정상의 이유로 인터뷰 약속을 수시로 변경하거나 급기야 취소하는 참여자도 있다는 것을 미리 안다면 연구 과정에서 오는 예상치 못한 어려움을 보다 쉽게 극복할 수 있을 것이다.

참여관찰

　　　　　　　　대학원 시절을 돌아보면 가끔 첫 수업 시간이 기억나는 과목이 있다. 나에게는 박사과정 때의 질적 연구의 전통이라는 과목이 그렇다. 첫 강의 날, 수업을 시작한 지 얼마 되지 않았을 때 교수님은 별다른 지시 없이 동영상을 하나 틀어 줬다. 당시는 버락 오바마(Barack Obama)가 미국의 첫 흑인 대통령으로 당선되어 취임식을 한 지 얼마 안 된 시기였는데, 동영상은 바로 그 취임식 현장이었다.

　10분에서 15분 정도 시간이 흘렀을까? 교수님은 화면을 끄고는 학생들에게 빈종이 한 장씩을 꺼내도록 했다. 그리고 "지금 본 내용에서 기억나는 것을 모두 써라"라고 하셨다. 무심히 화면만 쳐다보던 나로서는 딱히 쓸게 없어서 난감했던 기억이 난다. 그저 오바마 대통령과 화면을 가득 채운 다수의 사람들만 머릿속에 맴돌 뿐. 당시 지도 교수(Dr. Jude Preissle)는 인류학을 전공하고 주로 문화기술지(ethnography, 특정 집단의 사람들과 장기간 함께 하면서 이들이 공유하는 문화, 신념, 가치, 태도 등을 연구해서 그 패턴을 기술하고 해석하는 연구 방법) 연구를 주로 하던 분이었다. 그러다 보니 연구자로서 습득해야 할 중요한 기술로써 주변에 대한 세심한 관찰을 강조하신 듯하다. 이처럼 참여관찰이란 "연구자가 연구 대상의 주변 상황에 치중하여 내부적인 현장(setting), 상호작용, 관계, 행위, 사건 등의 측면을 체계적으로 관찰하여 자료를 창출해 내는 방법"(Mason, 2013, p. 127)이다. 관찰은 사회과학 연구에서 오랜 역사를 지닌다(Marvasti, 2014).

　(다른 교수가 강의하는 질적 연구의 전통이라는 동일한 과목을 들었던 한 지인에게 첫 수업시간이 기억나느냐고 물어본 적이 있다. 그랬더니 "당연히 기억나죠. 나비넥타이를 하고 들어온 흑인 교수님이 자신의 조상이 언

제 어디에서 미국 땅으로 건너와 어느 주에 정착한 누구인지 히스토리를 설명하시더라고요"라고 하였다. 역시나 그 교수님의 주 전공 분야는 생애사 연구다. 이처럼 처음에 질적 연구를 누구에게 접하는가가 질적 연구에 대한 이미지에 조금은 영향을 미치지 않을까 하는 생각이 든다.)

MEMO

관찰 장소와 연구자의 존재

관찰 장소는 때로 사전 승인이 필요한 사적인 장소(또는 일부 멤버만이 이용 가능한 장소)일 수도 있고, 길거리와 같은 공공장소일 수도 있다. 그 외에도 종교 모임이나 도서관과 같이 "공공장소인 만큼 모든 사람이 환영받기도 하지만 그곳에서 연구를 하고자 한다면 그곳은 사적인 공간으로 간주"(Yin, 2013, p. 183)되는 경계가 애매한 곳도 있다. 따라서 연구자의 윤리적 판단하에 사전 승인절차를 받는 것이 필요하다.

관찰을 할 때 연구자 자신이 어떠한 역할을 하였는지 명확히 밝히도록 한다. 연구자는 자신을 드러낼 수도 있고, 드러나지 않게 숨기기도 한다. 드러낼 경우에도 자연스럽게 현지 사람들과 어울리면서 상호작용과 관찰을 병행할 수도 있고, 또는 거리를 유지한 채 개입을 최소화하면서 관찰할 수도 있다. 어떠한 경우든 연구자의 존재로 인해 참여자들이 부자연스럽게 행동하지 않아야 한다. 연구자 효과(호손 효과, Hawthorne effect)처럼 참여자들이 연구자에게 좋은 모습을 보이려 하는 경우라든지 연구자의 현장 개입이 참여자에게 성가신 존재로 느껴지는 것 모두 주의한다.

연구자의 정체를 숨긴 채 몰래 관찰하면 참여자의 동의서를 받지 않은 연구가 되어 윤리적 문제를 야기할 수도 있다. 그렇지만 신분을 숨긴 채 진행한 연구를 통해 창의적인 방식으로 사회 공동체의 모습을 전달할 가능성도 있으므로(David Calvey, 2008을 인용, Marvasti, 2014) 연구의 목적에 따라 자신의 역할을 신중하게 선택하고 그러한 판단의 정당성과 구체적인 연구 과정, 윤리적인 부분을 논문에서 자세히 보고한다.

그 외에도 아래와 같은 정보를 논문에서 정확히 밝힌다(Pratt, 2009).

- 참여자와 연구자는 어떠한 관계인가?
- 참여자는 어떠한 식으로 연구에 관여하였는가?
- 정보 제공자와 연구자는 아는 사이인가?
- 그 장소에서 일한 경험이 있는가?

MEMO

관찰 방법

메이슨(Mason, 2013, p. 134)은 연구자들이 "현장에서 '배회'함으로써 적절한 자료를 '흡입'할 수 있다고 자신의 능력을 과신하는 경향"이 있다고 경고한다. 실제로 참여관찰은 쉽지 않다. 성공적인 참여관찰은 얼마나 세세하고 정확하며 폭넓게 현장 노트를 작성해 왔는지에 달렸다고 볼 수 있다(Bogdan & Biklen, 1998). 연구 주제와 관련해서 무엇을 집중적으로 관찰할지 잊지 말아야 하며, 반드시 현장 노트를 지참하고 기록하는 습관이 필요하다. 현장 노트에 기입할 내용은 다음과 같다(Bogdan & Biklen, 1998; Creswell, 2017).

- 기본사항: 관찰자 이름, 관찰 장소, 날짜, 관찰 시작 시간, 끝난 시간
- 참여자 정보: 나이, 젠더, 인종, 역할, 장소 등
- 참여자들의 활동과 상호작용
- 참여자들의 대화
- 주변의 물건이나 배경, 물리적인 세팅
- 기억을 돕기 위해 그림으로 그려 둔 현장의 모습
- 연구자가 배운 것, 떠오르는 생각, 분석과 관련된 아이디어
- 참여자와의 관계, 딜레마 등에 대한 성찰
- 윤리적 문제에 대한 성찰
- 연구자 스스로의 행동
- 뚜렷하지 않은 작은 내용들: 비공식적이거나 계획 없이 일어나는 활동, 사람들의 의상이나 장소에서 드러나는 비언어적 대화 등

　다양한 장소에서 기입한 메모들은 연구실에 들어오자마자 종류별로 정리해 둔다. 그렇지 않을 경우 분석할 때 기억의 혼동이 일어나거나 중요한 자료의 분실이 있을 수 있다. 또한 정리되지 않은 채 쌓여 있는 자료를 보면서 심적 압박감을 느낄 수도 있다.

　현장에서의 관찰은 수개월, 때로는 몇 년에 걸쳐 진행되기도 하고, 단지 며칠 동안만 실시될 수도 있다. 연구 주제의 복잡성, 계절과 시간의 변화가 연구 주제에 미치는 영향의 유무, 연구자의 자원 등에 따라 관찰 기간이 다를 수 있다. 최대한 폭넓은 자료를 수집하고 상대방과 좋은 관계를 형성하며 내부자 관점을 얻기 위해서는 충분한 시간을 현장에서 보내는 것이 좋다(장기간 현장에 머물기는 타당도와도 관련된다).

MEMO

조사하기

            인터뷰와 참여관찰을 통해 수집된 자료는 연구자가 적극적으로 창출해 낸 것이라고 할 수 있다. 그와 달리 개인적인 문서, 공문서, 사진이나 동영상 등은 연구자가 직접 작성한 것은 아니지만 분석에 중요한 자료이다(Bogdan & Biklen, 1998). 예를 들어 초등학교 학생들에게 학교 놀이터가 어떠한 의미를 지니는지를 연구한다고 하자. 우선 학생들이나 교사, 교장과 학부모와 인터뷰를 하거나 놀이터에서 학생들의 상호작용을 관찰해 볼 수 있다. 그 외에도 분석에 사용될 수 있는 자료의 예는 다음과 같다.

- 학생들의 일기장
- 놀이터와 관련된 학생들의 글짓기, 그림 또는 만들기 자료
- 놀이터에서 상호작용하는 다양한 사진
- 관련된 각종 기사나 보고서
- 놀이터와 관련된 TV 프로그램 등

  이러한 기록물을 연구에 사용할 때는 적절한 승인절차가 필요하다. 또한 문서나 보고서, 신문기사 등을 검색할 때는 자료의 출처와 연구비를 지원한 기관을 확인하고 특정 단체나 계층을 옹호하거나 관점이 한쪽에 치우친 내용은 없는지 살펴본다. 사진이나 동영상 등의 시각적 자료가 연구에 활용되기도 하는데 최근에는 이러한 연구를 게재하는 학회지가 늘어나고 있다. 전통적인 질적 연구 저널인 Qualitative Inquiry나 Symbolic Interaction 또는 최근의 Visual Anthropology, Visual Studies 등에 이러한 연구가 종종 실린다 (Harper, 2008).

인터넷 자료

인터넷이 세계 곳곳에 연결되어 있는 요즘에는 온라인상의 자료들을 조사하는 연구도 많이 이루어진다. 온라인 게시판, 이메일, 게임 사이트, 메신저, 소셜 네트워킹, 채팅방 등의 자료가 이에 해당한다. 인터넷을 통해 접근이 어려운 지역(예. 전쟁 지역이나 범죄의 위험이 있는 곳)에 대한 연구의 가능성도 높아졌다(Mann & Stewart, 2002). 주의할 점은, 모든 사람이 볼 수 있도록 온라인상에 올려 놓은 글을 공적인 자료로 보아야 할지, 사적인 자료로 볼지에 대해 다양한 견해가 존재한다는 것이다. 윤리적인 문제에 휘말리지 않으려면 보수적인 기준을 따르는 것이 안전하다. 즉, 온라인상의 자료를 사용할 때는 엄격한 윤리적 잣대를 판단 기준으로 삼아야 한다. 실명 대신 아이디를 사용했어도 개인의 신원이 드러날 수 있기 때문에 익명성이 보장되지 않으며, 사람들이 인터넷상에 자료를 올리면서 이를 연구에 사용해도 좋다는 동의를 한 것이 아니기 때문이다(Preissle & Han, 2012).

메모 작성

연구 과정에서 기록을 남기는 중요성은 예전부터 강조되어 왔다. 유명한 학자들의 일상 속에서도 메모 습관은 잘 나타난다. 다음은 방대한 양의 저서를 남긴 다산 정약용에 관한 일화다.

> 다산 자신은 그야말로 끊임없이 메모하고 생각하고 정리했던 메모광이요, 정리광이었다.... 그 메모가 밑거름이 되어 수많은 저작으로 발전할 수 있었다....
>
> 특히나 경전 공부에서 이 메모의 힘은 아주 중요했다. 수많은 비슷비슷한 학설과 주장에 치여서 정신을 차릴 수 없을 때는 차라리 눈을 감고 침잠했다고 적고 있다. 그러면 어느 순간 깨달음이 오면서 마음에서 의심이 가시는 순간과 만나게 되는데, 그런 순간을 놓치지 않고 메모했다(정민, 2006, pp. 154-155).

질적 연구에서도 메모는 중요한 검증 자료로 쓰인다. 메모를 쓰는 방식이 정해져 있지는 않다. 날짜를 적고 판단을 보류한 채 떠오르는 아이디어를 자유롭게 써 나간다. 말하듯이 써 보는 것도 좋다. 샤마즈(Charmaz, 2013, p. 178)는 "절친한 친구에서 쓴 편지처럼 쓰고, 단조로운 학술논문 투로 쓸 필요는 없다"고 말한다. 메모 작성의 유용한 점 몇 가지는 다음과 같다(Charmaz, 2013).

- 잠시 멈춰서 자료에 대해 생각해 보는 시간을 가진다.
- 분석 과정에 도움이 된다.
- 현장에 가서 확인할 아이디어를 얻게 된다.

- 자료 수집의 틈새를 발견할 수 있다.
- 써 내려간 메모를 가지고 글쓰기와 연결시킬 수 있다.
- 연구자 자신의 생각이 어떻게 변화했는지 알게 된다.
- 추후 연구 주제를 발견하기도 한다.

MEMO

제4장

자료의 분석과 해석

제4장

자료의 분석과 해석

분석의 필요성

만약 어젯밤 야근을 하느라 좋아하는 드라마를 보지 못했다고 하자. 친구에게 줄거리를 이야기해 달라고 부탁했을 때 친구가 한 시간 분량의 드라마 내용을 세세한 부분까지 모두 이야기한다면 아마 듣다가 이내 지루해질 것이다. 대부분의 사람이라면 놓쳐서는 안 되는 드라마 속 포인트를 몇 가지로 요약해서 알고 싶어 한다. 주인공의 비밀이 밝혀졌다든지, 좋아하는 상대에게 드디어 고백을 했다든지, 전에 왜 그런 행동을 했는지에 대한 이유가 드러났다든지 하는 것 말이다.

드라마 한 시간 분량의 모든 장면들은 질적 연구에서는 원자료라고 할 수 있다. 이 자료 속에서 의미 있다고 판단되는 몇 가지 사건들을 중심으로 내용을 요약하고, 재구성하고, 새롭게 밝혀진 부분을 설명해 주어서 주제에 대한 이해를 넓히는 것이 바로 연구자가 분석과 해석 단계에서 해야 할 일이다. 아무리 질적 연구가 복잡한 현실을 보여 준다 하더라도 이것을 체계적으로 줄이고 정리해 내지 않으면 안 된다(Gläser & Laudel, 2013).

질적 분석은 다양하게 정의된다. 몇 가지 예를 보면 다음과 같다.

- 자료를 연구 결과로 변환하는 것(LeCompte, 2000)
- 자료에서 패턴을 찾고, 왜 그런 패턴이 존재하는지를 설명하는 것(Bernard & Ryan, 2010)
- 자료를 기술하고 분석하고 해석하는 차원으로 변형(transform)하는 것(Wolcott, 1994)
- 자료를 감소하고 배열하고 결론을 도출하는 것(Yin, 2013)
- 자료를 이해하고 해석하고 이론화하는 것으로 예술인 동시에 과학적 활동(Schwandt, 2015)

분석에 대한 정의가 다양한 것은 그만큼 질적 연구 방법과 절차가 다양하며, 단순히 선형적 단계를 거치면 답이 도출되는 것이 아님을 보여 준다. 이 책에서는 입문서의 목적에 맞게 일반적이고 기본적인 분석 절차를 다룰 것이다. 인터뷰 전사 자료를 가지고 어떻게 테마를 도출해 가는가가 핵심이다.

결론적으로 말하면 질적 분석은 단순하지 않다. 연구자가 자료를 이해하기 위해 노력하고 시간을 들이고 다각도로 생각을 한 만큼 통찰이 나오게 된다. 따라서 이 책에서 설명하는 기본적 개념을 이해한 뒤에는 질적 분석을 중점적으로 다룬 교재를 참고하면서 분석의 깊이를 더해 가길 권한다. 만일 특정 방법론(예. 현상학, 내러티브, 근거이론, 문화기술지, 대화 분석, 사례 연구 등)을 선택했다면 해당 방법론의 철학적·이론적 배경과 분석 방법을 자세히 설명하는 방법론 서적을 읽고 분석에 적용하는 것이 필수다. 자신의 노력 없이 다른

논문의 방법론 챕터를 베끼고 흉내 내는 것만으로는 양질의 논문이
나오기 어렵다.

간혹 "질적 분석은 어렵네요"라는 이야기를 듣는다. 그럴 수도 있
다. 그러나 석사와 박사과정 내내 통계 관련 수업과 양적 연구 워크
숍에는 수많은 시간을 들이는 반면 질적 연구 수업은 많아야 (그나마
도 들었다면) 한두 과목을 듣고서 방법론 책도 거의 읽지 않은 채 분
석이 쉽게 이루어지리라고 생각한다면 그것이 더 놀라울 뿐이다. 물
론 처음으로 질적 연구를 할 경우 질적 수업과 워크숍을 여러 번 들
었어도 여전히 자료 분석이 어려운 건 사실이다. 실제 자료를 가지고
경험자와 함께 분석을 해 보는 시간이 필요하다. 지도 교수와 학생이
수집한 자료의 일부를 놓고 함께 대화를 나누는 시간도 필요하다.

분석 과정에 대한 포괄적 이해

질적 분석 챕터라면 으레 코딩과 범주화에 대한 설명을 예상할 것이다. 하지만 그전에 자료를 수집해서 연구 결과로 바꿔 가는 과정에서 어떠한 일이 발생하는지 큰 그림을 그려 볼 필요가 있다. 그렇지 않으면 세부적인 코딩에 사로잡혀서 이 말이 참여자 말인지 연구자의 말인지 헷갈려 하면서 단순 작업에만 빠지게 된다. 바로 이 점 때문에 기계적인 코딩에 대한 비판이 나오기도 한다(St. Pierre, & Jackson, 2014). 질적 자료의 분석은 지적인 작업이자 이해의 과정이지 단순 계산과 같이 단계를 밟으면 모두가 같은 결과에 이르는 테크닉이 아니다.

월코트(Wolcott, 1994)는 자료를 연구 결과로 전환해 가는 과정을 기술, 분석, 해석의 단계로 설명한다. 이 단계는 선형적이라기보다 서로 겹치고 순환되는 과정을 거치면서 기술에서 분석과 해석의 방향으로 나아간다. 이 과정에서 연구자가 하는 일들을 더 구체적으로 살펴보면 다음과 같다.

기술 description

연구자가 자료를 가지고 제일 먼저 해야 할 일은 "여기서 무슨 일이 일어나고 있는가?"를 이해하는 것이다. 이 단계에서는 주로 초기 단계(1단계, 첫 번째 순환 단계 등 다양하게 불린다)의 분석인 기술적 코딩(또는 오픈 코딩)과 기본적 범주화가 진행된다. 연구자의 생각은 잠시 옆으로 밀어 놓고 자료에 밀착해서 참여자의 말과 행동을 그들의 관점에서 이해하려 노력하는데, 이를 내부자 관점인 에믹(emic)한 분석이라고 표현한다. 동시에 지속적 비교 방법(constant comparative method)(Charmaz, 2014)을 사용해 코드끼리, 코드와 범주 또는 범주들을 비교하면서 참여자들이나 사례들 간 공통점을 찾고 차이점을 밝히는 데 집중한다. 지속적 비교 방법은 자료 분석 과정 내내 지속된다.

자료를 기술하고 묘사하는 단계는 중요하다. 일상 속에서도 예상치 못한 문제가 발생하면 판단이나 결정을 내리기 전에 무슨 상황인지 자초지종을 들어 봐야 하듯이 말이다. 기술이 잘되면 그다음 단계로 나아갈 수 있다. 즉, 초기 단계의 코드와 범주는 심화된 분석을 위한 준비 작업이 된다.

그러나 초보 연구자는 종종 이 기술 단계에서 더 이상 심층적인 분석으로 나아가지 못한 채 연구를 마치는 경우가 있다. 단지 비슷한 코드끼리 모아서 범주화 한 뒤에 '테마가 도출되었다'고 말한다. 그리고 각 테마에 대한 짤막한 설명만을 한 채 '참여자 A는 ~~라고 하였다', 'B는 ~~라고 하였다', 'C는 ~~' 이런 식으로 참여자들의 인용문만 끝없이 나열해 놓는다(Staller, 2015). 연구 결과로 나온 내용을 바로 현장에 실행하는 응용 연구라면 여기서 멈춰도 상관없겠지만, 심층적 의미를 추구하는 연구라면 추가적인 분석이 진행될 필요가 있다(Barbour, 2013).

분석 analysis

초기단계의 분석이 어느 정도 진행되면 다음 단계로 넘어간다(단계를 나누는 것은 연구자의 지적 작업을 개념적으로 분리해서 설명하기 위한 것일 뿐 실제로는 단계가 그렇게 명확하지 않다). 여기서는 학문 분야의 지식이나 연구자의 전문적 경험, 기존 이론과 문헌 등 외부의 관점을 적극 활용하면서(에틱, etic) 자료의 단순 기술로부터 심층 분석으로 이동한다. 기술적 코드가 아닌 분석적/해석적 코드가 추가되고, 범주의 이름은 점차 추상적이고 개념적으로 바뀐다. 물론 이 과정에서도 참여자의 경험을 늘 중심에 두어야 한다. 즉, 질적 자료의 이해는 에믹과 에틱 사이를 오가며(가깝게 봤다가 거리를 두고 봤다가 하면서) 이해가 확장되는 **해석학적 순환**(hermeneutic circle)의 과정이라고도 볼 수 있다.

그러면서 동시에 자료에서 드러나는 패턴이나 중요한 테마를 적극적으로 살펴본다. 보통 다음과 같은 분석적 질문을 던지며 자료들을 체계적으로 비교한다.

- 자주 반복되는 것은 무엇인가?
- 참여자 사이에(또는 참여자가 아까 한 말과 나중에 한 말 사이에) 또는 사례 사이에 어떠한 차이가 존재할까?
- 왜 이런 일이 발생했을까?
- 어떠한 상황에서 이런 일이 일어날까?
- 이런 일은 왜 예상과 다를까?
- 이런 일은 예상했는데 왜 자료에서 나오지 않았을까?
- 자료 사이에 어떠한 관련성이 있을까?
- 다른 자료와 잘 맞지 않는 자료들은 어떻게 설명해야 할까?

이렇게 비교하기 위해서 다양한 전략을 활용하기도 한다. 예를 들어 모형이나 표(교차 매트릭스)를 그려 보면서 자료를 시각화하면 글로는 보이지 않던 새로운 관련성이 드러난다(Miles, Huberman, & Saldaña, 2014). 그 밖에도 메모들을 조합하거나, 흐름도나 개념지도를 그려 보거나, 유형화를 해 볼 수도 있다. 가능하다면 자료를 설명하는 인과적 연결고리를 탐색해 보는 것도 좋다. 질적 연구는 사건과 행동들 간의 연결을 알아보고, 그에 대한 이유(왜 그런 행동을 했는지에 대한 사람들의 해석)를 알 수 있어서 통계적 인과 관계가 아닌 구체적인 특정 맥락에서의 인과 관계를 살펴보기에는 오히려 더 적절하다(Maxwell, 2012).

해석 interpretation

질적 연구의 목적은 단지 드러난 테마가 무엇이냐가 아니다. 테마와 관련된 의미와 연구의 의의를 밝히는 것이다(Watts, 2014). 연구자는 다음의 질문을 던지며 지금까지의 탐색이 무엇을 의미하는지 정리한다.

- 이 모든 것은 무엇을 의미하는가?
- 이 결과를 뒷받침하는 가정은 무엇인가?
- 이전의 직감이 확인된 것은 무엇인가?
- 연구 주제에 대해 새롭게 알게 된 것은 무엇인가?
- 연구 주제에 대해 이전에 잘못 알고 있었던 것은 무엇인가?
- 다른 문헌과 비교해서 어떤 점이 같고 어떤 점은 다른가? 왜 그러한가?
- 이 연구 결과는 기존 지식에 어떻게 기여하는가?

이러한 통찰은 논문의 결론과 논의 부분에서 자세히 다루게 된다. 연구 결과가 기존 문헌을 통해 이미 알고 있던 것이나 상식 수준을 넘어서지 못한다면 연구자 개인적으로도 아쉽겠지만 독자들도 해당 연구의 가치를 느끼지 못한다. 따라서 익숙한 일상을 새롭게 볼 수 있도록 전문 분야의 지식과 자신의 직감, 자료와의 끊임없는 대화와 성찰 등을 해석에 적극 활용한다. 이러한 과정이 질적 분석이다. 그렇기 때문에 많은 방법론 책에서 단순히 단계를 따르거나 컴퓨터 프로그램을 활용한다고 좋은 연구 결과가 나올 수 없음을 강조한다.

일반적인 분석 단계

질적 연구는 자료의 수집이 시작되면서 부터 이미 초기 단계의 분석이 시작된다고 본다. 실제로, 첫 인터뷰나 참여관찰을 하다 보면 머릿속에 연구 주제와 관련된 잠정적인 테마나 아이디어가 떠오르기도 한다. 물론, 연구자에 따라 분석을 나중으로 미뤄 놓기도 한다. 예를 들면 인터뷰가 모두 마무리될 때까지 분석을 하지 않음으로써 "이전의 다른 연구 참여자들로부터 얻은 [나의] 생각이 현재 면담 과정에 영향을 미치는 것을 최소화하려고 노력"(Seidman, 2009, p. 238)할 수도 있다. 그러나 분석을 일찍 시작할 경우, 연구 설계의 부족한 부분을 발견하거나 수정될 필요가 있는 인터뷰 질문을 확인할 수 있다. 또한 미리미리 분석을 진행해 가면 나중에 방대한 양의 자료에 압도당하는 것을 피할 수 있다.

분석 방법을 설명하기 전에 분석을 요리에 비유해 보자. 요리법을 인터넷으로 검색해 보면 간단한 음식도 만드는 사람에 따라 방법이 서로 다르다. 어려운 요리일 경우 그 차이는 커진다. 마찬가지로 다양한 방법론 서적들은 특정 학자의 입장에서 자료를 분석하는 하나의 요리법을 제시한다. 대학원생들은 이를 참고하여 나름대로 자신의 요리법을 개발해 가야 한다(Braun & Clarke, 2006). 학자들의 분석 단계를 맹목적으로 따르는 것이 아니라 자신만의 방식으로 소화한 뒤에 본인이 분석 과정에서 무엇을 하였고 왜 하였으며 어떻게 하였는지를 자세히 기술해야 한다는 뜻이다. 일단 기본적이고 일반적인 방법을 익히고 나서 특정 방법론과 관련된 분석 방법을 하나씩 공부해 가는 것도 하나의 방법이다(Braun & Clarke, 2006).

여기서는 인식론에서 자유롭기 때문에 다양한 연구에서 활용이 가능한 **테마 분석**(Braun & Clarke, 2006)을 중심으로 살펴본다. 일반적으로 분석은 다음의 과정으로 진행된다.

- 연구자의 예상이나 선입견, 주관적 경험 등을 미리 기술해 둠으로써 분석에 개입될 수 있는 자신의 편견을 점검한다.
- 현장 자료를 정리한다.
- 자료를 편하게 전체적으로 읽으면서 자료의 내용과 친숙해진다. 이때 사례별로 요약을 하거나 떠오르는 아이디어를 따로 적어 둔다.
- 본격적으로 자료를 자세히 읽어 가며 여러 번에 걸친 코딩과 범주화 작업을 한다.
- 분석을 심화하면서 자료에서 패턴과 잠정적인 테마를 찾는다.
- 중요한 패턴이나 테마를 바탕으로 좀 더 추상적인 몇 개의 최종 테마를 구성한다.
- 테마가 연구 현상을 잘 설명하는지, 원자료를 잘 보여 주는지, 테마끼리 서로 연결이 되는지 검토한다.
- 테마를 확정 짓고 결론을 도출한다.

위의 과정이 순차적으로 이루어지는 것은 아니다. 연구 주제를 가장 잘 설명하는 결과가 나올 때까지 수없이 전 단계를 오가며 발전되어 가는 순환적인 작업이다.

분석 전 자신의 편견을 드러내서 살펴보기

질적 분석에서는 연구자가 가장 중요한 도구다. 그렇기 때문에 연구자의 편견을 적극적으로 검토하지 않으면 여러 문제가 발생한다. 첫 번째로 연구자는 편견으로 인해 치우친 판단을 할 수 있는데 예를 들면 아래와 같다(Schwandt, 2015).

- 특정 참여자의 말에 의존해서 결론을 내린다.
- 참여자와 연구 관계 이상의 친분을 가지면서 자료를 중립적으로 보지 못한다.
- (연구자뿐만 아니라) 참여자가 평범한 사건이나 대상을 잘못되게 설명할 수 있다.
- 현장에서 연구자와 참여자의 상호작용이 결과에 영향을 미칠 수 있다.

이러한 문제에 대처하기 위해서 연구자는 여러 참여자와 이해 관계자의 말을 다각도로 살펴보아야 하며, 다양한 출처에서 나온 자료를 검토하고 참여자의 말이나 행동을 쉽게 당연시하는 자연적(natural attitude)가 아니라 지속적으로 **판단을 유보하면서 새롭게 보려는 연구자의 자세**를 유지해야 한다(Dahlberg, Dahlberg, & Nyström, 2008). 물론 연구자가 참여자의 말과 그들의 세계관을 최대한 존중하는 태도는 중요하다. 그러나 연구자는 분석이 진행되는 과정에서 점차 이들과 거리를 둔 3인칭 관점에서 자료를 볼 수 있어야 하고, **회의적 감각**을 유지해야 한다. 분석 과정에서 연구자 자신의 역할에 대해서도 돌아봐야 한다. 이 부분을 간과하거나 철저하게 살피지 못하면 종종 자신의 연구 결과에 대해 '상식적이다'라거나 '깊이가 없다' 또는 '참여자의 말을 그대로 옮긴 것뿐 분석이 이루어지지 못했다'는 평가를 받게 된다.

편견이 문제가 되는 또 다른 상황은 개인적 선호나 특성으로 인해 중립적이고 객관적이 되기 어려운 경우다(Schwandt, 2015). 예를 들면 아래와 같다.

- 연구자가 특정 집단이나 참여자들을 옹호한다.
- 미리 머릿속에 있는 이론적 틀에 자료를 꿰맞춘다.
- 연구 전부터 갖고 있던 가설을 검증하는 데 자료를 이용한다.

이 책을 읽는 독자들 중 일부는 '편견이란 자신도 모르게 작용할 텐데 그것을 미리 확인할 수 있는지', 그리고 '편견을 드러내면 오히려 이를 더 강화시키는 건 아닌지' 의아해할지 모른다. 게다가 편견이 그렇게 나쁜 것인가도 생각해 봐야 한다. 실제로 우리는 선이해(pre-understanding)라는 우리의 사전지식 없이는 새로운 것도 이해할 수 없다(Gadamer, 1900, 2002).

심리학자가 아니더라도 우리는 편견을 모두 밝히는 것이 불가능함을 안다. 무의식에서 작용하는 것까지 알 수는 없을 것이다. 그러나 우리 안에서 편견이 작동하는 원리에 대한 이해는 필요하다. 일반적으로 사람들은 행복하고 편안할 때 세상을 더 쉽게 받아들이고(감정 휴리스틱), 주어진 시점에서 사용 가능한 정보, 다시 말해 잘 기억나는 정보가 맞는 것이라고 생각하며(가용성 휴리스틱), 자신이 생각한 이미지와 더 비슷할수록 객관적이라고 생각하며(대표성 휴리스틱), 첫인상에 영향을 많이 받고(초두 효과), 그 외에도 날씨나 고정관념 등에 영향을 받는다(Konnikova, 2014). 따라서 세상을 일단 진실이라고 믿고 시작하는 뇌의 특징을 이해해서 세상을 있는 그대로 단정하지 말아야 한다. 늘 의구심과 호기심을 가지고 자신의 판단을 의심해 보아야 한다(Konnikova, 2014).

  정리하자면, 연구자가 할 일은 슈완트(Schwandt, 2015)의 표현대로 **성찰과 구분**이다. 예단하고 속단한 것에 대해 왜 그렇게 하였는지 돌아보고, 어떠한 사전 지식이 타인을 이해하는 데 도움이 되었는지, 어떠한 편견은 새로운 이해를 막는지 구분하는 노력이 필요하다(Schwandt, 2015). 자신의 가정을 오히려 분명하게 드러내고 이를 관찰하면 편견에 무의식적으로 휘둘리는 것을 어느 정도 제어할 수 있다.

MEMO

분석 자료 준비

분석을 위한 기본 자료는 인터뷰 전사 내용이다. 녹음한 인터뷰 내용을 옮겨 적을 때는 참여자의 언어뿐만 아니라 웃음소리, 흐느낌 또는 침묵 등을 괄호에 넣어 그대로 옮겨 적는 것이 좋다. 분석에도 도움이 되지만 현장감을 살려서 연구자가 전사 내용을 읽을 때 인터뷰 당시의 상황을 보다 생생하게 기억할 수 있다(연구의 성격에 따라 참여자의 언어만으로 충분할 수도 있고, 인터뷰 전체가 아닌 일부분만 전사할 수도 있다). 또한 인터뷰 당시의 상황, 참여자에 대한 특징들도 적어 둔다.

인터뷰는 잘 편집된 녹화방송이 아닌 생방송이다. 그렇기 때문에 참여자가 완전히 정리되지 않은 생각을 이야기하다 보면 갑자기 문맥이 바뀌기도 하고, 말끝을 얼버무리거나, 문법을 틀리게 말하는 경우도 있다. 전사를 할 때는 분석에 도움이 될 수 있도록 일단 현장감을 살린 채 옮겨 적는 것이 좋다. 하지만 추후에 연구 결과를 글로 옮겨 적는 과정에서는 연구 참여자가 그 글을 읽었을 때 무안함을 느끼지 않도록 내용의 변화가 없는 선에서 최소한의 문법적 수정을 하는 것이 바람직하다(Seidman, 2009; Carlson, 2010).

그리고 일반적으로 종이에 인쇄된 자료를 보는 것과 모니터상으로 보는 것에는 차이가 있다(종이책은 사고를 확장시켜서 창의적 사고를, 모니터상의 글은 초점을 좁혀 분석적 사고를 강화한다고 한다). 분석의 초기 단계에서는 주로 전사한 내용을 인쇄해서 여러 번 읽어 본 후 코딩(coding, 뒤에서 설명할 예정)을 시작한다. 인쇄를 할 때는 페이지의 한쪽이나 양쪽에 여백을 충분히 두어서 읽으면서 메모도 하고 수기로 코드를 입력할 수 있게 한다. 컴퓨터 모니터상으로 자료를 보며 코딩하는 것이 편하다면 곧바로 워드나 엑셀, 또는 질적 연구 분석을 도와주는 컴퓨터 소프트웨어(CAQDAS, computer assisted qualitative data analysis)에 코딩을 시작할 수 있다.

단, 컴퓨터 소프트웨어를 사용하더라도 기본적 코딩은 연구자가 직접 실시해야 한다는 것, 데이터를 입력하면 자동으로 분석 결과가 도출되는 통계 패키지와는 기본적으로 다르다는 것을 알고 있어야 한다. 다시 말해, 질적 연구 소프트웨어는 분석 자체가 아니라 이를 도와주는 도구다(Flick, 2018). 소프트웨어의 사용이 연구의 질을 높이는 것은 아니며 연구자가 직접 분석하는 것보다 더 철저한 것도 아니다. 프로그램 사용 능력만큼이 자신의 한계가 되며 프로그램이 연구자를 대신해서 새로운 생각을 만들어 내지는 못하기 때문에 "직관에 반대되게 느껴지겠지만, 분석에 대한 이해가 부족한 초보자가 사용했을 때 더 위험"(Barbour, 2013, p. 260)할 수 있다. 그러므로 질적 자료 분석 소프트웨어에 관심이 있다면 다음의 사항을 고려한 뒤에 결정하는 것이 좋다(Barbour, 2013; Tracy, 2020).

- 앞으로 다수의 질적 프로젝트를 할 계획이 있는가?
- 온라인상의 자료를 쉽게 캡처해서 넣으려 하는가?
- 수집한 인터뷰 자료와 현장 노트의 양이 방대한가?
- 사진이나 오디오, 비디오 자료를 포함하는가?
- 여러 장소나 여러 참여자들의 코드를 비교하고 대조하는가?
- 2명 이상의 연구자들과 팀으로 분석하는가?
- 지속적으로 자료가 추가될 장기 프로젝트인가?
- 프로그램의 구입 비용을 보조해 주는 기관에 속해 있거나 또는 연구비가 있는가?
- 소프트웨어를 배우고 익히는 데 얼마만큼의 시간을 할애할 수 있는가?

- 컴퓨터 소프트웨어 분석 능력을 이력서에 넣는 것이 자신에게
  얼마나 중요한가?

MEMO

자료를 여러 번 읽고 사례 요약하기

곧장 코딩으로 들어가기 전에 자료를 전체적으로 여러 번 읽어 본다. 이 시간은 자료를 잘 기억하고 전체적인 이해를 하기 위해 필수적이다. 분석이 진행되다 보면 방대한 자료에서 불필요하거나 중복되는 내용이 제거되면서 점차 자료가 축소된다. 그러다 보면 어떤 참여자가 어느 맥락에서 한 이야기인지 기억이 나지 않을 수 있다. 따라서 자신의 자료를 머릿속에 잘 기억해 둘 필요가 있다.

또한 큰 맥락을 이해해야 세부적인 분석에도 도움이 된다. 질적 연구에 영향을 미친 여러 학문 중 하나가 해석학이다. 해석학에서는 **해석학적 순환**(hermeneutic circle)이라는 개념이 있는데 이는 텍스트가 단순히 그 부분들의 합으로만 이해될 수 없으며, 개별 부분은 전체 텍스트를 이해해야 알게 되고, 또 부분들을 알게 됨으로써 전체적인 이해도 확장된다는 의미다. 그러므로 자료를 전체적으로 이해하는 것은 뒤에서 진행될 세부적 이해에 도움을 준다.

자료를 읽을 때는 아무런 생각 없이 따라가기보다는 연구 질문을 염두에 두고 읽는다. 읽으면서 떠오르는 생각은 바로 메모해 둔다. 다 읽은 후에는 참여자별로 또는 사례별로 간략히(A4로 반 페이지에서 한 페이지 정도) 내용을 요약해 두면 좋다. 참여자의 말을 연구자의 말로 요약하면서 생각도 정리되고 나중에 **사례 요약**이나 **참여자 프로파일**의 형태로 논문에 포함할 수도 있다. 사례 요약은 나중에 교차 매트릭스를 만들어서 참여자나 사례별로 비교를 하고 패턴을 살펴볼 때도 유용하다.

코딩(Coding)이란?

질적 연구에서 코딩이란 자료에 **코드**(code)를 부여하는 작업이다. 코드란 "자료의 일부분에 요약적인, 명백한, 정수를 담고 있는, 그리고 무언가를 환기시키는 속성을 상징적으로 부여하는 단어나 짧은 문구"(Saldaña, 2013, p. 3)를 말한다. 간단히 말해, 원자료에서 의미 있다고 생각되는 곳곳에 일종의 꼬리표나 라벨을 붙여 놓아서 상위의 분석 작업을 할 때 쉽게 인식할 수 있도록 초기 작업을 하는 것이다.

때로 비슷한 과정을 진행하면서도 참고하는 논문이나 교재, 또는 방법론에 따라 코드(code)가 아닌 다른 용어(예. 'category', 'theme', 'coding category', 'unit', 'chunk', 'concept')를 쓸 때도 있어서 초보 연구자들을 혼란스럽게 한다(Tracy, 2020, p. 213). 어떠한 것이 가장 맞는 용어인지 찾으려고 하기보다는 현재 본인이 어떠한 단계의 분석을 진행 중인지에 맞춰 적절한 명칭을 스스로 붙이는 것이 더 바람직하다(형식에 얽매여서 연구 주제에 대한 이해라는 더 중요한 목적에 소홀하지 말자). 이렇게 코드가 붙여진 자료들을 유사한 것끼리 모아 상위 그룹으로 범주화(categorizing)하고, 이를 바탕으로 보다 추상적이고 함축적으로 현상을 설명해 내는 테마(themes)를 구성한다(뒤에서 다시 설명함).

일반적으로 코딩은 질적 분석에서 자료를 중요한 것 위주로 요약하고 축소하는 기본적인 방법이며 자료를 이해하는 데 도움이 된다. 하지만 모든 질적 분석에 코딩이 반드시 들어가는 것은 아니다. 이야기의 흐름을 따르며 **전체적인 연속성**을 강조하는 경우도 있고(Mason, 2013), 연구자의 철학에 따라 이론과 전체적인 맥락을 고려하면서 **성찰적인 글쓰기**와 **여러 번 고쳐 쓰기**를 통해 자료를 분석하는 방식도 있다(St. Pierre, & Jackson, 2014). 특히 복잡하게 얽혀 있는 현실의 다양한 관점을 그대로 반영하며 성찰적 대화 속에서 주제에 대한 이해의 확장을 중시하는 해석학적 연구라든지, 포스트모던이나 후기구조주의 질적 연구자들은 기계적이고 환원적으로 자료를 나누고, 추상화시키고, 테마를 찾는 분석 작업에 우려를 표시한다 (Freeman, 2014; St. Pierre, & Jackson, 2014). 그러므로 살다냐 (Saldaña, 2013)가 언급했듯,

- 코딩은 단지 질적 자료를 분석하는 하나의 방법이지, 유일한 방법은 아니며,
- 연구에 따라서 자료의 코딩이 반드시 필요한 경우도 있고 부적절한 경우도 있다는 것을 알아야 한다.

예를 들어 보자. 나는 책을 읽을 때 인덱스용 스티커를 여러 장 붙이고 목차를 적어 두는 습관이 있다. 그러면 원할 때 바로 해당 챕터를 찾기가 쉽다. 또한 책을 읽다가 중요하다고 생각되는 부분이 있으면 밑줄을 치고, 형광펜으로 색칠을 하고, 구석에 생각을 적기도 한다. 이럴 경우 나중에 표시된 부분만 골라 읽으면 책 전체의 내용이 쉽게 정리되고 시간이 절약된다. 심지어 책 전체 중 일부분만 필요하다고 생각되면 해당 부분만 뜯어서 따로 보관해 두기도 한다. 그러면 머릿속에 정리가 된 것만 같아 뿌듯해진다.

그런데 이런 나의 습관이 문제를 일으키는 경우도 많다. 때로 밑줄을 치고 있는 나의 행동 자체가 책 내용에 몰입하는 것을 방해한다. 천천히 전체의 의미를 생각하며 책을 읽는 대신 '밑줄을 여기에 그을까? 저기에 그을까?' 하면서 단순 작업에 더 치중하게 되기 때문이다. 어떤 부분은 밑줄을 쳐 놓은 곳뿐만 아니라 그 앞뒤의 문맥을 함께 읽어야 미묘한 의미가 제대로 이해된다. 그 밖에도 나중에 그

책을 다시 읽다 보면 '내가 왜 여기에 밑줄을 그어 놨지?' 하고 의아할 때가 있다. 오히려 중요한 부분은 표시조차 안 되어 있기도 하다. 분철을 했을 경우, 내다 버린 책의 일부분이 궁금하거나 갑자기 필요해진 탓에 도서관에 가서 동일한 책을 다시 빌려 오는 등 몸이 고생하는 경우도 여러 번이다. 아마도 책을 처음 읽었을 때는 특정 생각에 빠져서 다른 부분이 눈에 잘 안 들어왔을지 모른다. 그리고 책을 처음 읽을 당시의 나와 비교해서 지금의 나는 생각이 조금 변했을 수도 있다.

코딩도 이와 비슷하다고 생각한다. 자료를 읽으면서 중요한 부분에 표시를 해 두면 자료 전체를 파악하고 원할 때 해당 부분을 쉽게 찾을 있다. 단, 코딩을 하려고 결정했다면, 자료를 기계적으로 단순히 축소하는 데 치중하지 않도록 아래와 같은 점들을 신경 써야 한다.

- 연구 주제를 늘 염두에 두고 코딩한다.
- 자료를 제대로 여러 번 읽어서 전체적 흐름을 파악한 후 코딩한다.
- 코딩을 하는 나의 기준을 명확히 해서 중요한 자료의 누락이 없도록 한다.
- 연구자로서 보고 싶은 것만 찾아내는 것은 아닌지 자신을 검열한다.
- 자료에서 새로운 것, 왠지 흥미를 불러일으키거나 연구자를 불편하게 만드는 부분에도 관심을 갖고 코딩한다.
- 필요 없다고 판단되는 자료를 없애지 말고 원본 상태로 둔 채 코딩 부분을 새로 저장한다(여러 버전으로 저장).
- 코딩 과정에서 느낀 점을 끊임없이 성찰 노트에 기록하고 분석한다.

코딩할 때의 몇 가지 선택

코딩을 할 때는 몇 가지 선택할 사항이 있다. 그중 귀납과 연역 그리고 코딩의 범위를 살펴보면 다음과 같다.

귀납적 inductive ↔ 연역적 deductive

먼저 자료 분석을 귀납적으로 할 것인지 연역적으로 할 것인지를 정한다. **귀납적**으로 코딩을 할 경우 연구자의 관심 부분이나 지식을 잠시 옆에 치워 두고 구체적인 참여자의 경험이 어떠한지에만 집중한다. 참여자의 관점을 잘 포착하는 코드를 붙이고 이를 범주화해 가면서 점차적으로 패턴과 주제를 발견한다(bottom-up). 현장 자료를 바탕으로 이론화까지 진행하는 근거이론이 대표적인 예다. 반면 **연역적**으로 코딩을 할 경우, 연구의 틀이 되는 이론이나 학문적 개념을 중심으로 사전에 코드 리스트/코딩 틀(Miles, Huberman, & Saldaña, 2014)을 만들어 놓고 자료에서 이 부분을 찾아 코딩한다(top-down). 이 둘 사이에서 **실용적 절충**을 할 수도 있다. 주제에 대한 연구자의 지식이나 문헌, 연구 질문 등을 바탕으로 잠정적 범주를 만들고 코딩을 시작한다. 그리고 자료에서 새롭게 나오는 코드를 추가하며 지속적으로 범주를 수정하고 확장시키는 방식이다.

완전한 귀납의 경우 현장 자료의 복잡성을 충실히 반영하면서 새로운 이해를 찾아가는 탐색적 연구에 적합하다(Charmaz, 2013). 그러나 초보 연구자의 경우 자칫 초기 코딩에서 나온 많은 수의 코드에 압도당해 방향을 잃을 수도 있다. 연역적 방법의 경우 이론을 기반으로 한 연구나 대규모 프로젝트에 적합하다. 실용적 절충의 경우는 연구자가 몇몇 범주를 미리 정할 수 있으므로(이를 선험적 범주 또는 아프리오리 코드(a priori code)라고 한다) 특정 이론적 관점을 적용하는 연구에 잘 맞는다(King, & Horrocks, 2013). 이때 중요한 것은 자료와 이론 사이를 오가며 유연하게 코드 구조를 수정해 가는 것이다. 선험적 범주는 인터뷰 질문 등을 반영할 수밖에 없는데, 그것을 넘어서지 못한 채 자료에서 나온 코드가 전부 예상한 범주 안에 들어간다면 연구의 결과가 상식 차원에 머물며 기존의 지식을 확장할 수 없다(Barbour, 2013).

코딩의 범위

또 다른 선택으로, 자료의 어느 부분에 코딩을 할 것인가를 정해야 한다. 코드를 붙이기 위해 자료를 적절한 범위로 나누는 것을 세그먼팅(segmenting)을 한다고 말한다. 나뉜 부분은 두세 단어나 한 문장 또는 서너 문장이 될 수도 있고, 한 단락이나 한 페이지가 될 수도 있다. 여기에 정해진 법칙은 없다. 처음에 범위를 넓게 나눠서 코딩한다면 코딩 속도가 빠르겠지만 나중에 다시 세부적인 코딩이 필요할 수 있고, 처음부터 촘촘히 코딩해 가면 속도가 느리고 코드가 많이 나오게 되지만 자료에 밀착해서 자세히 살펴볼 수 있다. 이 과정은 연구자마다 다르므로 각자의 선택에 따른다(Barbour, 2013). 논문의 방법론에 이러한 판단의 이유와 구체적으로 어떻게 코딩을 하였는지에 대한 자세한 설명을 적어서 독자들이 분석 과정에서 일어난 일을 투명하게 알 수 있도록 하는 것이 중요하다. 이를 위해서 늘 자신이 한 작업을 연구 노트나 메모에 기록해 두면 논문 작성도 수월하고 연구의 타당도도 높일 수 있다.

1단계 코딩

코딩하는 하나의 방법을 제시하기란 어렵다. 동일한 문장을 가지고도 연구자에 따라 다양한 코드를 부여할 수 있는데, 코딩 시 선택하는 단어는 연구자의 관점을 반영하기 때문이다(Charmaz, 2013). 그리고 어떠한 연구 방법론으로 분석을 하고 있는가도 코딩하는 방식에 영향을 미친다(예를 들어 현상학적 연구에서의 의미단위 구분과 자료의 변형은 근거이론의 줄단위(line-by-line) 코딩과 다르다). 여기서는 가장 일반적인 코딩 방법에 대해 살펴볼 것이다. 이 과정은 보통 1단계와 2단계로 나눠서 볼 수 있다.

1단계 코딩은 '초기 코딩', '오픈 코딩', '자료 나누기', '1차 코딩'이라고도 불린다. 이 단계에서는 전사한 원자료의 내용을 최대한 충실히 요약하면서 코드를 부여한다. 맥락이나 장소, 시간대, 벌어지는 사건이나 일상, 관련된 사람들, 이들의 역할과 상호작용, 사람들의 감정이나 갈등같이 자료의 각 구성 요소에 이름을 붙인다고 생각하면 이해가 쉬울 것이다. 아직까지는 "참여자가 한 말 뒤에 숨어 있는 의미를 추측하거나 심리학 이론에 따라 해석하고 싶다는 유혹"(King & Horrocks, 2013, p. 222)을 피하도록 노력한다.

처음에는 너무 고민하지 말고 자료를 읽으면서 떠오르는 대로 간단히 "색인(indexing)"을 붙이듯 진행한다(Seale, 1999, p. 154, Barbour, 2013에서 재인용). 초기에 붙인 코드는 여러 번 수정되며 처음부터 코드로 의미를 고정시켜 버리면 자료를 다양하게 해석할 가능성이 차단되므로 아직까지는 잠정적 코드라고 생각하면 편하다(Barbour, 2013). 세이드만(Seidman, 2009)은 이 단계를 아래와 같이 설명한다.

"읽으면서 당신에게 관심이 있는 것에 표시하세요. 어떤 구절에 대해 깊이 생각하지 마세요. 그 구절이 주의를 끈다면 표시하세요. 독자로서 당신 자신을 믿으세요. 이것은 정답을 찾는 과정이 아니에요. 일단은 당신의 주의를 끄는 내용을 최대한 포함하도록 하세요." (Seidman, 2009, 247).

초기 코딩 단계에서 사용하는 몇 가지 코딩 방법은 아래와 같다 (Saldaña, 2013).

- 기술적(또는 설명적) 코딩(descriptive coding): 자료가 나타내는 의미를 요약할 만한 짧은 문구나 단어를 부여하는 일반적인 코딩이며 초기 단계에서 일반적으로 사용하는 코딩 방법(예. 회식자리, 가족과의 저녁시간)
- 인비보 코딩(in vivo coding): 맥락의 의미가 잘 함축되어 있다고 여겨지는 참여자의 언어를 그대로 코드로 사용하는 것(예. "자나 깨나 그 생각")
- 정서적 코딩(affective coding): 참여자의 감정, 가치, 갈등 등의 주관적 속성을 찾아내기 위한 코딩(예. 무의미함, 희망)
- 과정 코딩(process coding): '~ing'과 같이 동명사를 사용하여 코딩하는 것으로 참여자의 관찰 가능한 행동, 상호 관계, 변화해 가는 추세 등을 좀 더 현장감 있게 느낄 수 있는 코딩(예. 서로 의견을 조율함, 자신의 차례를 기다림)

이 외에도 다양한 코딩 방법이 있으며, 연구 주제와 자료에 맞게 혼용하여 사용하는 경우가 많다. 일반적으로는 '오픈 코딩' 또는 '기술적 코딩을 하였다'고 표현해도 무방하다.

그런데 여기서 잠시 생각해 볼 부분이 있다. 코딩을 하면서 때로 연구자들은 자신이 지금 참여자의 말을 요약하는지 아니면 참여자의 말에 대한 연구자의 해석을 붙이고 있는 것인지 혼동이 될 때가 있다. 실제로 이러한 구분이 모호하기도 하다. 인간의 해석이 들어가지 않은 순수한 설명이란 없기 때문이다(King, Horrocks, 2013). 또한 코딩을 하다 보면 그 자체로 명백한 객관적 상황을 요약할 때도 있고, 맥락을 잘 고려해서 참여자의 말을 해석해야 할 경우도 있다. 나아가 질적 연구에서는 맥락을 다 잘라 버린 채 자료를 단순히 변수로 바꾸는 환원주의적 분석을 경계한다. 그러므로 연구자의 해석이 들어갔는가 아닌가의 문제로 너무 고민할 필요 없이 일단 자신의 판단을 믿어 보고, 만일 해석을 한 경우라면 그러한 이유에 대해 메모에 적어 두어서 나중에 왜 그러한 판단을 했는지 성찰해 봄으로써 과잉 해석을 피하도록 한다(Kuchartz, 2014).

그림 4-1 기본적 코딩의 예

참여자 A: 가장 어려웠거나 힘들었던 경험은 온라인 수업을 하면서 <u>오프라인 수업 때보다 과제가 더 많아졌다는</u> 것입니다. <u>시험을 과제로 대체</u>하는 과목이 많아서 오프라인 강의 때는 과제가 없던 과목인데도 과제가 많아져서 힘들었습니다. 어떤 과목은 <u>수업을 안 들어도 과제를 작성할 수 있게끔</u> 과제가 출제되어서 <u>오프라인으로 수업 내용에 대한 시험을 볼 때보다 공정성에 어긋나는 것 같기도</u> 했습니다. 그리고 수업도 <u>온라인으로 하고 리포트 과제 작성할 일</u>도 많아지니까 컴퓨터 모니터를 거의 하루 종일 쳐다보고 있을 때도 많았습니다. 그래서 개인적으로 <u>눈이 너무 피곤하고</u> 오프라인 강의를 들을 때보다 <u>육체적으로 더 피곤하게 느껴져서</u> 그 점이 힘들었습니다.	과제량 증가 시험이 과제로 대체 시험에 대한 공정성 문제 장시간 컴퓨터 사용(수업+과제) 눈의 피로/육체적 피로감

코딩의 시작 단계에서 필요한 것: 풍부한 표현력과 열린 마음

인터뷰나 자료 수집은 즐겁게 했는데 코딩에서 딱 막힌다고 하소연하는 초보 연구자가 많다. 여러 어려움 중 한 가지는 언어 표현력의 한계다. 코딩을 시작하면서 처음에 붙인 코드는 분석 과정에서 여러 번 수정된다. 이 과정에서 맥락을 잃지 않으면서 의미가 살아나도록 코드를 부여하는 것이 바로 연구자의 능력이다. 우리말에 '아' 다르고 '어' 다르다는 말 그대로다. 따라서 적절한 코드를 부여하기 위해 **사전**이나 **동의어사전** 등을 참고해 보는 노력도 필요하다. 자신에게 익숙한 개념만을 써서 코딩을 하거나 전문적 용어만을 사용하여 코딩을 하는 것은 바람직하지 않다.

또 다른 어려움으로는 연구자가 가진 선입관의 방해다. 연구자의 머릿속에는 이미 여러 이론이나 가설, 보고자 하는 것 등이 존재할 수밖에 없다. 이를 잠시 멈추고 열린 마음으로 자료를 새롭게 보기란 쉽지 않다. **열린 태도**(openness)란 진정으로 기꺼이 듣고, 보고, 이해하려는 자세이며 이미 아는 것을 확인하기보다 새로운 것을 발견하려는 자세다(Dahlberg, et al., 2008). 초보 연구자는 '내가 선입관을 가지고 코딩을 하는 것은 아닌가?'라든지 '내가 주장하고 싶은 내용을 자료에서 찾아내기 식으로 코딩을 하는 것은 아닌가?'하는 불안감에 자신의 분석을 스스로 신뢰하지 못하는 경우도 생긴다. 따라서 머릿속에 떠오르는 이러한 생각을 메모에 적어 놓고 성찰하면서 분석 과정을 꾸준히 검토한다.

자신의 분석을 동료는 어떻게 보는지 서로 검증하는 작업(peer examination)은 연구의 타당도를 높이고 코딩의 불안감을 줄일 수 있는 방법의 하나다. 동료 검증을 통해 상대방과 비교하여 자신의 관점을 새롭게 인식하는 계기가 될 수 있다. 이때 주의할 점은, 코딩이란 객관적이고 가치중립적인 작업이 아니라는 점이다. 연구자의 경험과 관점, 가치관, 성향에 따라 같은 문장을 읽고도 서로 전혀 다르게 받아들일 수 있다. 또한 연구자의 이론적 틀이나 방법론적 선택에 따라 같은 내용도 다르게 코딩할 수 있다(Saldaña, 2013). 따라서 최종 선택은 연구자에 달려 있다. 어떠한 선택을 하였든, 그 결정의 이유를 기록으로 남겨서 타당도 높은 연구가 되도록 한다.

MEMO

범주화

초기 코딩으로 코드들이 어느 정도 늘어나면 이 코드들을 재분류하면서 자료를 범주화시킨다. 범주화(categorizing)는 세상을 살면서 인식하는 모든 것을 분류해서 조직화하기 위해 사용하는 인간의 기본적인 인식작용이라고 할 수 있다(Kuchartz, 2014). 마트에 가면 우리는 머릿속에 저장해 둔 범주를 염두에 두고 필요한 물품을 찾는다. 따라서 구체적으로 우유, 딸기, 간장이 필요하다면 **비슷한 것**들을 모아서 **추상적**인 이름을 붙여 둔 유제품, 과일 그리고 소스 코너로 간다.

범주는 고정된 것이 아니다. 물품들은 그 **기능**에 따라 **창의적**으로 분류될 수 있다. 예를 들어, 살사소스는 소스 코너가 아닌 스넥 코너의 나초칩 옆에 비치될 수도 있다. 살사소스는 나초칩을 맛있게 해 주는 기능을 한다고 보기 때문이다. 분석도 마찬가지다. 예를 들어 '긍정적인 이미지 관리', '타인 배려', '감정 조절'과 같은 코드들은 연구 주제와 맥락에 따라 **'성공적인 직장인의 특징'**이라는 범주로 묶일 수도 있고 **'사기꾼들의 특성'**으로 묶일 수도 있다. 또한 분석이 심화되면 보다 추상적이고 학문적인 개념이나 이론이 활용되는데, 예를 들어 어빙 고프먼(Ervin Goffman)의 인상관리이론에서 나온 개념을 사용하여 **'인상관리를 위한 전략'**이라는 범주명이 사용될 수 있다.

범주화를 하는 데 유용한 방법의 하나는 근거이론에서 나왔지만 질적 자료를 분석하는 다양한 상황에서 두루 사용되는 **지속적 비교 분석 방법**(constant comparative method)이다(Glaser & Strauss, 1967). 연구자는 자료와 코드, 코드와 코드, 코드와 범주, 범주와 범주 간의 유사성과 차이점을 끊임없이 비교하면서 범주와 하위 범주를 만들고 수정하고 재구성한다. 그 외에도 지속적 비교 방법은 한

명을 대상으로 여러 번의 인터뷰가 실시되었을 때 각각의 인터뷰를 비교하거나, 범주화된 자료를 원자료와 비교해 보는 것에도 사용된다. 즉, 지속적 비교 방법은 "모든 자료의 수집이 끝난 후가 아니라 연구의 시작부터 자료를 비교하고, 출현하는 범주를 비교하며, 개념과 범주 간의 관계를 볼 수 있게 해 준다"(Charmaz, 2013, p. 66).

　범주화는 자료가 어디에 속하는지 알게 해 주고, 복잡한 자료를 줄여 주며, 자료를 다른 자료와 비교할 수 있게 해 준다(Freeman, 2017). 즉, 범주화는 이 자체로 분석의 마지막이라기보다는 자료를 다루기 쉬운 상태로 조직화해서 보다 심층적인 분석이 가능하도록 만드는 것이라고 볼 수 있다. 단, **잘못된 범주화를 주의**해야 한다. 프리먼(Freeman, 2017)의 표현대로 우리의 언어에는 편견이 들어가며 일단 범주화를 시키고 나면 마치 이러한 실재가 늘 존재했던 것처럼 보이게 할 우려가 있다. 또한 범주는 잠정적인 것이므로 계속 수정이 필요하다. 마지막으로 질적 분석은 특정한 연구 현장에서 수집한 자료를 이해하는 것이므로 범주화를 할 때 구체적 맥락에서 벗어나 잘못된 일반화를 하지 않도록 주의한다(Freeman, 2017).

코드 북과 코드 구조

코딩과 범주화를 돕기 위해 코드 북(코드 리스트)을 만들거나 코드 구조(코딩 프레임, 코딩 카테고리 등 다양하게 불림)를 만들면 도움이 된다. 아래의 표와 같이 코드 북을 만들면 코딩을 일관되게 진행하고 연구자의 생각을 분명히 하는 데 도움이 된다. 논문에 코드 북의 일부를 예시로 첨부할 수 있다.

코드명	코드 설명	예시
구체적인 코드	이러한 경우에 이 코드를 붙인다. (예외상황) 이런 경우에는 붙이지 않는다.	"이 코드와 관련된 적절한 인용문"

추가적으로, 코딩과 범주화를 하면서 코드 구조를 위계적으로 정리하다 보면 나중에는 이 코드 구조를 기준으로 삼아 추가 자료를 코딩할 수 있어서 편리하다. 새로운 코드가 나오면 코드 구조를 수정할 수 있다. 이렇게 해서 완성된 코드 구조는 자료를 한눈에 정리해서 보여 준다. 이후 심층 분석 과정에서는 코드 구조에서 중요한 요소들만 선택해서 서로 비교하고 대조해 보거나, 중요 테마별로 다시 재구성하면서 연구 질문에 대한 답을 도출해 간다. 코드 구조의 예는 아래와 같다.

그림 4-2 **발표 불안에 대한 자료에서 코드 구조의 예**

발표할 때의 체험
- 신체적 반응
- 인지적 반응
- 감정적 반응

발표 불안을 유발하는 것
- 과거의 부정적 경험
- 학생들의 무표정
- 학생들의 웃음소리
- 무관심
- 교사의 무반응

발표 불안을 줄여 주는 것
- 적극적 호응
- 자유로운 발표 형태
- 평가에서 자유로움
- 편안한 분위기

2단계 코딩

어느 정도 자료에 밀착된 기술적 코딩 단계가 지나면 점차 분석적/해석적 코드를 붙이는 2단계로 넘어가게 된다. 실제로는 이 두 단계가 명확하게 구분되지 않으며 나중 단계에서도 다시 초기 단계의 코드를 수정해야 할 수도 있으므로 1단계와 2단계는 분석 과정을 설명하기 위한 개념적 구분이라고 봐도 무방하다. 이 과정은 1인칭 참여자 시점으로부터 점점 멀어져서 **3인칭 관찰자 시점이 되어 가는 것**으로 비유할 수 있다(Watts, 2014).

이때는 **맥락에 대한 깊어진 이해**와 **연구자의 전문성**이 적극 활용된다. **다양한 이론이나 관련 문헌에서 가져온 개념**으로 코드를 추가할 수 있다. 주로 해당 학문 분야의 이론을 사용하지만, 때로 전혀 다른 분야의 이론도 사용 가능하다. 예를 들어, 경영학 연구에 칼 융(Carl Jung)의 집단무의식이나 페르소나와 같은 심리학적 이론을 사용해서 자료를 새로운 관점으로 해석해 볼 수 있다. 따라서 평소 다양한 전공의 수업을 들어 보고 여러 학문 분야의 이론에 익숙해지면 논문을 쓰면서 의외의 도움이 되는 것을 느낄 때가 있다.

다양한 학문적 이론과 개념을 활용하는 것뿐만 아니라 2단계 코딩에서는 지금까지 나온 코드와 범주들을 다양한 조합으로 비교해 보고 작성했던 메모를 참고하면서 **두드러진 패턴이나 테마**를 찾는다. 그리고 이를 바탕으로 자료를 새롭게 통합해 간다. 이해를 돕기 위해 이 과정을 건물을 허물고 새롭게 재건축하는 과정에 비유해 보자. 1단계 코딩으로 해체된 자료들은 '기존 건물을 허물면서 쌓인 자재들'이라고 할 수 있다. 2단계에서는 이 중 가장 적합한 자재들을 모아 재건축을 시도한다고 볼 수 있다. 이때, 모든 자재를 다 사용할 필요는 없다. 반드시 필요한 **핵심 자재**(중요한 코드와 범주들)를 아는 것이 중요하다.

패턴이나 중요한 테마들은 저절로 드러나지 않으며 적극적으로 살펴보는 노력이 필요하다. 특히 패턴은 처음 전사 자료를 읽을 때는 잘 보이지 않다가 여러 번 읽고 분석하는 과정에서 드러날 수 있다. 이 단계에서 고려해 볼 **분석적** 질문은 아래와 같다.

- 자주 반복되는 것은 무엇인가?
- 왜 참여자 사이에(또는 참여자가 아까 한 말과 나중에 한 말 사이에) 또는 사례 사이에 차이가 존재할까?
- 왜 이런 일이 발생했을까?
- 어떠한 상황에서 이런 일이 일어날까?
- 이런 일은 왜 예상과 다를까?
- 이런 일은 예상했는데 왜 자료에서 나오지 않았을까?
- 자료 사이에 어떠한 관련성이 있을까?
- 다른 자료와 잘 맞지 않는 자료들은 어떻게 설명해야 할까?

패턴과 관련성을 찾을 때 도움이 되는 방법으로는 앞서 언급한 지속적 비교 분석이 있다. 패턴은 자료의 여러 부분에서, 그리고 여러 코드를 사용해서 도출될 수 있으므로(Kuckartz, 2014) 자료를 여러 방식으로 조합하여 공통점과 차이점을 비교해 본다. **시간에 따른 변화**가 있는지, 사람들의 행동이나 이야기가 **일관되는지** 살펴볼 수 있다. **주제별, 참여자별, 성별, 연령별** 비교 등도 가능하다. 또한 **교차 매트릭스 표**를 만들거나 **플로우 차트, 모형**을 그려 보는 것도 도움이 된다.

패턴과 관련성에 대한 이해를 돕기 위해 갑작스러운 동료의 사고와 관련된 나의 연구(Han, 2012)를 예로 들어 보겠다. 이 연구는 예전 직장에서 친하게 지내던 한 동료 J의 죽음을 나와 몇 명의 다른 동료들이 어떻게 경험하였는지를 이해하려는 자문화기술지였다. 어느 정도 기본적 코딩이 끝나고 자료 전체에 대한 큰 그림을 이해한 뒤, 나는 몇 가지 내용들을 중심적으로 탐색하기 시작했다. 예를 들어, 나는 첫 인터뷰에서 내가 예상했던 반응이 나오지 않은 점에 집중했다. '왜 J와 가장 친했던 첫 번째 참여자는 슬픔에 대한 이야기를 하지 않을까?', '참여자들이 동료 J에 대해 이야기 한 내용들에는 어떠한 공통점이 있을까?', '혹시 여자 동료들과 남자 동료들 사이에 차이점이 있을까?', '이들이 J와의 경험에서 느낀 감정은 시간에 따라 어떻게 변했을까?', '왜 이렇게 변했을까?', '이들과 나와의 관계는 인터뷰 내용에 어떠한 영향을 미쳤을까?' 이러한 분석적 질문들은 자료를 새롭게 이해하는 데 도움이 되었다. 당시에는 활용하지 못했지만, 아래와 같은 다양한 매트릭스 표나 도형을 사용해서 참여자별로, 이슈별로 비교 분석을 했다면 더욱 도움이 되었을 것이다.

	~~에 대한 관점	~~에 대한 관점	~~에 대한 관점	요약
참여자 A				
참여자 B				
참여자 C				
참여자 D				
요약				

		극복의 계기	어려웠던 점	요약
여자 동료	참여자 A			
	참여자 B			
남자 동료	참여자 C			
	참여자 D			
요약				

주제(테마) 구성하기

코드들을 다양하게 비교하며 심층 분석을 했다면 이들이 서로 어떻게 연결되는지, 자료를 잘 설명하는지를 고려해서 연구 질문에 충분한 답이 될 만한 몇 가지 **핵심 테마**를 찾는다. 앞서 살펴본 패턴이나 범주들이 모두 최종 테마의 후보가 될 수 있으며, 연구자가 새롭게 테마를 구성할 수도 있다(Braun & Clarke, 2006). 그러나 이렇게 이야기하는 것만으로는 부족해 보인다. 왜냐하면 이 마지막 단계에서 종종 실수가 나오기 때문이다. 따라서 여기서는 **테마 도출 시 자주 나오는 몇 가지 실수**를 설명하고 이를 피하도록 함으로써 테마에 대한 이해를 높이고자 한다.

잘못된 테마 분석 1: 최종까지 살아남으면 무조건 테마?

보통 질적 분석에 익숙지 않은 연구자들은 코드를 계속 상위 범주로 묶다가 최종까지 살아남는 범주 몇 개를 테마라고 생각한다. 예를 들어, 전사 자료를 코딩한 뒤 → 모든 코드들을 범주로 묶고 → 이 범주들을 다시 상위 범주로 묶기를 반복하다가 → 4~5개의 상위 범주가 남으면 4~5개의 테마가 도출되었다고 한다. 그러나 테마는 '이상형 월드컵'과는 다르다. 최종까지 살아남는 범주가 무조건 테마가 되는 것은 아니다. 이 문제는 다음 문제와도 연결된다.

잘못된 테마 분석 2: 모든 코드와 범주가 테마에 포함되어야 한다?

초보 연구자들은 현장에서 수집해 온 자료가 전부 다 최종 결과에 들어가야 한다고 생각한다. 그래서 자료 전체에서 나온 모든 코드들을 범주화하고 테마에 억지로 넣으려다 보니 잘 들어맞지 않는 것도 있고 해서 코드를 이리 넣었다 저리 넣었다 하며 시간을 허비한다.

여기에도 해당되고 저기에도 해당되는 코드는 어떻게 해야 할지 모르겠다며 어려워한다. 그 과정에서 '질적 분석은 진짜 어렵다'는 생각이 든다. 그러나 모든 코드가 테마에 포함되어야 하는 것은 아니다. 테마와 관련된 중요한 코드와 범주가 있는 반면, 직접적인 관련이 적은 것도 있다. 연구자가 해야 할 일은 많은 자료 중에서 옥석을 가리는 일이다. 테마를 찾는 단계에서는 선택과 집중이 중요하다.

잘못된 테마 분석 3: 인터뷰 질문 = 결과에서 발견된 테마?

자주 나오는 추가적인 실수는, 참여자에게 했던 인터뷰 질문을 테마라고 말하는 것이다(Braun & Clarke, 2006; Staller, 2015). 예를 들어, 인터뷰에서 "프리랜서로 일하는 데 어떠한 어려움이 있으신가요?"라는 질문을 했는데, 놀랍게도 결과로 도출된 테마가 "프리랜서일의 어려움"이라고 말하는 경우다. 물론 일부 질적 연구자들은 이것을 별로 문제 삼지 않을지 모르며, 그다지 큰 문제가 아닐 수도 있다. 그러나 질적 연구에서 테마는 연구 문제에 대한 답을 제시하며 연구자의 해석이 반영된 보다 차원이 높은 추상적 개념이다(King & Horrocks, 2013). 테마는 인터뷰에서 물어본 질문에 대한 참여자들의 다양한 생각과 경험을 바탕으로 연구자가 분석과 해석을 해서 도출해야 한다. 예를 들면, "프리랜서로 일하는 데 어떠한 어려움이 있으신가요?"라는 질문에 대한 참여자들의 답변을 통해 "자유와 소외의 경계에 놓인 삶", "쉼 없는 자기 개발 노력의 늪", "관계 유지를 위한 단순 작업과 전문성 사이의 갈등" 등이 잠정적 테마로 나올 수 있다. 참여자에게 했던 인터뷰 질문이 고스란히 테마로 도출되는 것은 분석이 잘 이루어지지 않음을, 다시 말해서, 연구자의 해석을 통해 기존 지식에 기여할 만한 결과를 이끌어 내지 못했음을 보여 준다(Braun & Clarke, 2006; Staller, 2015).

잘못된 테마 분석 4: 테마끼리 서로 상관없어도 된다?

테마란 연구 주제에 대한 답이다. 몇 개의 테마들이 서로 어떠한 방식으로 연결되어서 연구 주제를 설명하는지, 이들 사이의 차이는 무엇인지, 왜 이 테마들이 중요한지를 설명해 주어야 드디어 연구 주제에 대한 완성된 그림이 그려진다. 드라마로 치면 테마는 중심 역할을 하는 인물들이다. 이들과 관련된 주변 사람들은 하위 테마라고 할 수 있다. 드라마가 짜임새 있으려면 주인공들 사이에 적절한 연결고리가 있어야 한다. 이들 간의 유기적 관계를 통해 작가가 전달하고자 하는 주제가 드러난다. 억지스럽거나 그다지 관련이 없는 등장인물, 그리고 평범하거나 지루한 에피소드는 드라마의 흐름을 깨고 몰입을 방해한다.

잘못된 테마 분석 5: 인용문만 늘어놓은 것이 테마?

초보 연구자는 테마 A, B, C가 도출되었다고 말한 후 곧장 "테마 A에 대한 증거는 ~~", "테마 B에 대한 증거는 ~~"과 같이 참여자들의 말을 길게 인용만 하는 방식으로 결과를 제시한다. 그러나 참여자들의 말은 독자들에게 연구의 테마를 더 생생하게 보여 줄 수 있는 보조적 역할이지, 단순히 인용문만 늘어놓는다고 저절로 테마가 설명되는 것은 아니다. 왜 그리고 어떻게 해당 테마가 중요한지를 연구자가 해석하고 자세히 설명해야 한다. 그리고 이를 잘 보여주는 중요한 인용문을 몇 개만 선별해서 강조한다. 단순히 인용문만 길게 제시하는 것은 연구자가 해야 할 지적 작업을 독자들에게 떠넘겨 버리는 것과 마찬가지다. 다시 말해, 테마를 언급한 뒤에는 연구자가 해당 테마에 대해 자세히 설명하고, 인용을 했을 경우에도 참여자들의 말을 다시 정리하고 요약해야 한다(Watts, 2014).

잘못된 테마 분석 6: 여러 명이 말했다면 테마인가?

질적 연구의 근본 목적은 의미의 이해이지 정확한 수치 제시가 아니다. 테마는 여러 명이 그 말을 했기 때문에서가 아니라 연구 주제를 이해하는 데 도움이 되기 때문에 중요하다. 그러나 여전히 양적 연구식 사고를 가지고 질적 분석을 하는 경우가 있다. 이들은 '7명의 참여자가 이렇게 말했다', '3명은 이렇게 말했다'와 같이 반드시 수치를 넣는 경향이 있다. '대부분의 참여자가 ~~부분을 강조했다'라고 말하는 것 역시 다수의 의견에 힘을 싣는 양적 연구식 사고다(Watts, 2014). 물론 '대부분'이나 '일부', '소수의' 등의 표현이 꼭 필요한 경우도 있다. 예를 들어 모든 참여자가 그렇게 말했을 경우라도 참여자들의 익명성을 지키기 위해 '대부분의 참여자'로 고쳐서 표현할 수 있다. 그러한 경우가 아니라면 다수의 의견이 소수의 의견보다 중요한 것처럼 비춰지지 않도록 주의해야 한다.

테마를 소개한 뒤에는 그 테마에 대해 언급한 모든 참여자들의 인용문을 전부 다 결과로 제시해야만 한다고 생각하는 것 역시 양적 사고다. 그래야지만 증거로 타당하며 독자들이 해당 테마가 중요하다고 여길 것이란 생각에서 나왔기 때문이다. 그러나 일부 참여자가 한 이야기 속에서도 연구 주제에 대한 통찰을 찾을 수 있다. 만일 일부만이 그렇게 말했기 때문에 중요하지 않다고 생각한다면 대규모 설문으로 드러나지 않는 소수의 구체적인 삶의 이야기를 들으려는 질적 연구의 의도 자체를 잘못 이해하고 있는 것이다.

잘못된 테마 분석 7: 테마는 도출된다?

사실 나 역시 습관적으로 테마 도출이라는 표현을 쓰지만, 테마는 분석을 통해 저절로 도출되지 않으며 발견되는 것도 아니다(Staller, 2015). 테마는 구성되며 그 과정에서 연구자는 다양한 역할을 한다. 자신의 모든 지식을 적극적으로 활용하고 창의성을 발휘하며 잘 들어맞지 않는 자료를 어떻게 설명할지 고민한다. 이러한 과정을 거쳐서 최종적으로 테마가 결정된다. 이 과정을 이해하려면 미국 실용주의 철학자인 찰스 퍼스(Charles S. Peirce)가 처음 개발한 **가추법**(또는 귀추법, abduction)을 아는 것이 중요하다. 보통 질적 연구는 귀납적이라고 생각하기 쉽지만, 결과를 도출하는 과정에서 도움이 되는 것은 가추적 사고다. 가추는 드러난 놀랍거나 독특하거나 이해하기 어려운 관찰 결과를 창의적으로 설명할 만한 잠정적 가설을 세우고 이들을 확인하면서 가장 설득력 있는 설명을 남기는 것이다(Charmaz, 2013). 이 과정에서 연구자의 상상력이 발휘된다. 예를 들어, 몇 개의 서로 관련 없어 보이는 증거들로 범인을 찾아내는 셜록홈즈의 놀라운 추리력은 가추의 결과다. 퍼스가 보기에 "연역법은 가설 자체는 효율적으로 전개할 수 있지만, 새로운 정보를 포용할 수 없었다. 반대로 귀납법은 분석이 결코 완결되지 않는 문제가 있었다. 매번 대상을 관찰하는 새로운 방법이 등장"(Madsbjerg & Rasmussen, 2014, p. 153)하기 때문이다. 가추법은 상상력을 활용하기 때문에 의심스러울 수 있으나, 퍼스의 생각처럼 우리가 사는 세상에 하나의 진실(truth)이 있을 수 없으며 우리의 해석은 늘 개선의 여지가 있고, 의미 있는 것은 "판단을 내리는 행위"가 아니라 다소 불편하더라도 확신하고자 하는 마음을 내려놓고 "질문을 던지는 행위"(Madsbjerg & Rasmussen, 2014, p. 154)일 것이다. 이처럼 테마는 마치 통계 패키지를 돌렸더니 수치가 나오듯 도출되지는 않음을 이해하고, 논문에서도 분석 과정에서의 연구자의 역할을 자세히 기술한다.

해석과 주장

지금까지 분석 결과를 통해 연구 현상에 대한 설명을 시도하였다. 그렇지만 논문이 연구로서 가치를 가지기 위해서는 해석과 주장이라는 마지막 단계가 남아 있다. 연구에서 주장이란 증거와 이론을 기반으로 해서 연구의 의미를 진술하는 것이라고 할 수 있다(Freeman, deMarrais, Preissle, Roulston, & St. Pierre, 2007). 연구자가 실제 관찰하고 분석한 결과를 더 넓은 학문 분야와 연결시켜 논의를 구축해 나가는 단계이기도 하다.

이 과정을 평소 재미있는 입담으로 학문적 개념을 쉽게 설명하는 김정운 교수의 표현을 빌려 설명해 보겠다. 김정운(2014)은 정보와 지식 간의 관계를 단순하고 쉽게 정의 내린다. 그에 따르면 감각에 들어오는 '자극'은 여기에 의미를 부여하는 행위인 해석을 통해 '정보'가 되며, '정보'들이 모여 '지식'이 된다.

> ... '지식 knowledge'은 정보와 정보의 관계다. 엄청나게 실용적인 정의다.... 새로운 지식이란 '정보와 정보의 관계가 달라지는 것'을 의미한다. 한번 구성된 지식은 또 다른 지식과 연결되어 '메타지식'을 구성한다.... 전문가들끼리의 이야기는 이 메타지식에 근거하고 있다. 그래서 어려운 거다. 공부한다는 것은 이 메타지식의 습득을 뜻한다(김정운, 2014, pp. 30-31).

이 내용을 개념도로 그려 보면 다음과 같다.

이를 질적 연구에 적용해 보면 이렇다.

· 자극: 현장에서 연구자가 취합해 온 원자료
· 정보: 원자료를 가지고 코딩과 범주화를 한 것. 즉, 연구자에
  의해 의미가 부여됨
· 지식: 중요한 코드와 범주를 재구성해 보고 유의미하게 나타나
  는 패턴과 테마를 찾아서 연구 현상에 대한 새로운 이해를 가
  져옴
· 메타지식: 해당 연구 결과를 학문 분야의 이론과 선행 연구,
  그리고 현장이나 정책 등과 연결시킴

  학문적 연구가 되기 위해서는 연구 결과를 메타지식으로까지 연
결시키는 것이 중요하다. 그렇지 않으면 독자들은 "왜 이러한 참여
자들의 경험에 우리가 관심을 가져야 하는가?"라며 질문을 던질 수
있다. 연구자는 적절한 주장을 통해 독자들의 질문에 답을 제시하고
자신의 연구가 학문 분야에 어떠한 기여를 하는지 밝힌다.

분석 과정 체크포인트

❑ 따로 현장 노트나 분석 노트를 만들고 지속적으로 메모를 작성하고 있는가?

❑ 자료를 수집한 뒤 서로 섞이거나 분실되지 않도록 잘 분류해서 정리하였나?

❑ 기존 이론이나 가설에 선입견을 가지고 자료를 꿰맞추고 있는 것은 아닌가?

❑ 인종, 사회적 계층, 성별, 연령, 학문적 배경, 문화 등과 같이 자신이 가진 무의식적 선입관이 분석에 미치는 영향을 고려하고 있는가?

❑ 참여자들이 하는 말을 맥락에 대한 고려 없이 곧이곧대로 받아들이고 있는 것은 아닌가?

❑ 다중적인 의미로 해석 가능한 부분들을 충분히 고려하고 있는가?

❑ 분석이 아닌 단지 자료의 요약을 하고 있는 것은 아닌가?

❑ 자료 간에 모순이 있거나 자연스럽게 연결되지 않는 부분, 반대되는 사례들을 염두에 두면서 분석하고 있는가?

❑ 범주 간 연결이 탄탄하게 되었는가?

❑ 주요 범주를 이를 잘 표현해 주는 추상적 개념 수준으로 끌어 올렸는가?

❑ 일반적이고 뻔한 결론이 되지 않도록 자료를 신중하게 검토하였는가?

❑ 결론은 충분하고 다양한 증거로부터 도출되었는가?

해석 과정 체크포인트

❑ 연구자의 핵심 주장은 무엇인가?

❑ 내 주장은 설득력이 있는가?

❑ 내 해석은 연구 주제, 취합된 자료와 논리적으로 잘 연결되어 있는가?

❑ 내 주장은 연구 주제에 대한 이해를 넓히는 새로운 통찰을 제공하는가?

❑ 해석을 한다면서 연구 결과를 글자만 바꿔 반복하고 있는 것은 아닌가?

❑ 거창한 수준의 이론 구축에 초점을 맞추기보다는 현 자료에 적절한 해석과 주장을 펼치고 있는가?

❑ 다른 형태의 해석이 가능하다는 사실을 인지하고 이를 고려하였는가?

❑ 독자가 연구 결과에 관심을 가져야 할 만한 이유는 무엇인가?

❑ 이 연구는 어떠한 이론적, 실천적 의의가 있는가?

❑ 고찰한 문헌과 연구 결과를 잘 연결시켜 설명하고 있는가?

❑ 향후 새로운 연구에 대한 가능성을 제시하고 있는가?

제5장

연구의 질과
질적 연구의 가치

연구의 질과 질적 연구의 가치

타당도의 문제

타당도(validity)란 "자료로부터 도출된 추론이 얼마나 신뢰할 만한가"를 나타낸다(Eisenhart & Howe, 1998, p. 644, Freeman et al., 2007, p. 27에서 재인용). 질적 연구자들은 오랫동안 연구의 질을 어떻게 평가할지 고민해 왔다. 하지만 아직까지 양적 연구 같은 표준화된 기준은 없다. 여기에는 다양한 이유가 있다.

타당도와 같이 기준을 만들려면 연구 상황과 실행 방법을 철저히 표준화시키고 측정하기 쉽게 변수로 만드는 것이 좋은데, 이러한 조치는 다양한 맥락에서 다양한 방법으로 참여자의 삶을 연구하는 질적 연구에 잘 맞지 않는다(Kuchartz, 2014). 게다가 질적 연구 내부에서도 단지 질적 연구라는 이름으로 분류될 뿐 실제로는 철학적·이론적·방법론적으로 매우 상이한 수많은 연구 방법이 존재한다. 플릭(Flick, 2018)의 표현대로 단지 양적 연구가 아니라는 것만이 유일한 공통점일 정도다. 그러니 이 많은 방법론을 하나의 기준으로 평가한다는 것은 쉬운 일이 아니다. 또한 질적 연구 방법이라는 것이 본래부터 딱 떨어지지 않는 데다가 기준을 정하고 연구를 평가한다는 발상이 질적 연구자의 창의적인 사고를 방해할 수 있다 (Freeman et al., 2007).

보통은 엄격한 기준과 창의성 사이에서 실용적인 절충을 하는 것이 일반적이다. 일부 질적 연구자들은 양적 연구의 타당도 기준을 질적 연구에 맞게 수정한 용어를 사용하기도 한다(Lincoln, & Guba, 1985). 예를 들어 타당도(validity)는 연구의 결과와 질이 얼마나 진실한가를 말하는 **신실성**(trustworthiness)으로 달리 언급한다. 내적 타당도(internal validity)는 **신뢰성**(credibility, 결과가 현실을 진실하게 반영한다고 믿을 수 있는가?)으로, 외적 타당도(generalizability)는 **전이 가능성**(transferability, 특정 맥락에서 내려진 결론을 다른 상황에 적용할 수 있을 만큼 충분히 설명하는가?)으로, 신뢰도(reliability)는 **의존성** (dependability)이나 **일관성**(consistency, 연구 결과가 취합된 자료와 일관되는가?)으로, 객관성(objectivity)은 **확증 가능성**(confirmability, 결과나 해석은 연구자의 추측이 아닌 인식할 수 있는 방법에서 나왔는가?)으로 표현한다.

어떠한 용어를 사용하든 연구의 타당도를 높이려는 시도는 중요하다. 질적 연구자는 참여자를 보호해야 하며 이들의 관점을 존중할 윤리적 책임을 가지기 때문에 "좋은 연구는 그 자체로 윤리적인 연구가 되기 위한 전제"(Flick, 2018, p. 10)가 된다. 또한 연구자 스스로에게도 자신의 연구가 좋은 연구인지를 알 수 있는 기준이 필요하며 자신의 연구의 가치를 외부의 독자에게 증명해야 하는데 타당도는 이때 적절한 기준이 되어 준다(Flick, 2018).

질적 연구에서 타당도는 있다, 없다의 이분법으로 말할 수 없다. 연구의 전 과정에서 타당도를 높이려는 시도를 다양하게 하는 것이 바

람직하다. 아래에서는 질적 연구와 관련된 여러 대상을 고려한 타당
도 전략을 소개한다. 연구자는 이 중 자신의 연구에 적절한 몇 가지
전략을 연구 설계에 포함하고 실행 과정을 자세히 기술하도록 한다.

고려할 대상	중점 사항	구체적 전략의 예
참여자	참여자의 세계관을 존중하고 제대로 반영	· 참여자 확인(예. 전사 자료 점검, 분석 과정에 참여, 분석 결과 공유) · 여러 명의 목소리(다양한 목소리와 관점) · 맥락을 고려한 적절한 인용 · 참여자들의 성찰 · 윤리적 고려(IRB 승인, 연구 동의서, 참여자 익명성 보장)
연구자	연구자 자신의 역할을 성찰	· 연구자 주관성 검토 · 연구자의 역할, 참여자와의 관계를 명시 · 반성적 성찰 · 연구 내내 회의적 감각을 유지
독자	연구 과정을 투명하게 공개하고 주장의 근거를 제시	· 모든 결정에 대한 세부적 설명과 기록 · 복수의 자료 수집 방법이나 자료 출처를 사용 · 자료 구성 과정 설명(참여자 선정, 인터뷰 프로토콜, 인터뷰 맥락) · 분석 과정 공개 · 동료 피드백, 자문위원 검토 · 부정적 사례 검토 · 현장에서 충분한 시간을 보냄
	결과를 효과적으로 전달	· 심층묘사(참여자들의 암묵적 지식에 대한 구체적인 세부 설명, 말하기보다는 보여 줌) · 적절한 인용문 선택 · 자료의 시각화(표, 그래프, 모형, 흐름도 등) · 일화나 예시 포함 · 울림(공명)이 있음 · 미학적이고 환기를 불러일으키는 글쓰기
해당 학계	중요한 기여	· 이론적(학문 분야에 기여) · 실용적(현실에 유용한 지식) · 도덕적

· 방법론적
· 새로운 발견(구체적인 경험에 대한 이
  해를 넘어서 사회와 문화 수준의 새로
  운 해석)

🔍 **MEMO**

스토리텔링의 효과

"이야기(story-telling)는 기술의 한 방식이다. 이야기는... 사건들을 의미 있는 방식으로" 조합한다(조용환, 1999, p. 52). 사람은 누구나 이야기 속에서 살고 있다. 이야기는 맥락을 제공해서 사실을 이해하게 하며, 가상 현실처럼 미래를 시뮬레이션으로 경험해 보는 효과가 있기 때문에 현실도피가 아니라 오히려 현실을 탐색하고 미래를 준비하도록 돕는다(리사 크론, 2015).

『끌리는 이야기는 어떻게 쓰는가?』의 저자 리사 크론(2015)은 **우리의 뇌가 감정과 밀접하게 관련 있음**을 설득력 있게 제시한다. 그녀는 미국 백인사회의 인종차별적인 행동에 경종을 울렸고 성경 다음으로 많은 변화를 일으킨 책으로 언급되는 하퍼 리의 소설 『앵무새 죽이기』가 사람들의 행동과 세계관에 큰 영향을 미쳤는데, 이는 사람들의 생각을 바꿨기 때문이 아니라 마음을 움직였기 때문이라고 말한다. 마찬가지로 우리는 "저는 시각장애인입니다. 도와주세요"라는 글귀를 "아름다운 날이네요. 그리고 저는 그것을 볼 수가 없습니다"라고 고쳤을 뿐인데도 지나가는 행인들이 동일한 사람을 보는 관점과 돈을 적선하는 행위가 달라진 이야기를 잘 알고 있다. 이처럼 뇌는 자신에게 당장 도움이 되는 이야기에 몰입하고 감정이입을 하는 특징이 있다(리사 크론, 2015).

아래의 (A)와 (B) 두 종류의 기사는 '시간빈곤층'이라는 동일한 주제를 다루고 있다. (시간빈곤층이란 1주일 168시간 가운데 먹고, 자고, 씻는 것처럼 인간의 삶을 유지하는 데 필요한 필수시간(한국인의 경우 2009년 기준 약 90시간)을 노동, 출퇴근, 가사, 육아 등의 이유로 제대로 보장받지 못하는 사람을 일컫는 용어이다.)

(A)

연구 결과, 시간빈곤은 우리나라 노동인구 사이에 만연해 2008년 전체 노동인구의 약 42%(약 930만 명)가 시간부족을 경험하는 것으로 나타났다. (중략) 특히 시간부족의 성별 격차가 매우 커서 시간부족을 경험하는 전체 노동인구(930만 명) 중 약 56%(510만 명)가 여성이었다. 취업자만으로 좁혀 시간부족을 보면, 남성 시간제 노동자(노동시간 주당 35시간 미만)의 경우 2%에 그쳤으나, 여성 시간제 노동자의 시간부족률은 18%였다. 상용직 역시, 여성의 시간부족률이 70%로 남성(36%)보다 2배가량 높았다. 이는 단순히 노동시간의 차이 때문이 아니라 여성이 가계 생산활동에서 남성에 견줘 훨씬 더 큰 부분을 담당하고 있음을 시사한다.

(한겨레21, 2014. 11. 20.)

(B)

정보기술(IT) 회사에서 프로그래머로 일하는 여성 엄희진 씨(36, 가명)는 서울 성북구에 산다. 강남에 있는 직장까지 출퇴근하는 데 매일 3시간이 걸린다. 엄 씨의 하루 업무량은 정규 근무시간인 8시간에 다 소화하기엔 벅찬 분량이다. 퇴근을 일찍 하고 싶어 종종 점심도 굶고 프로그램을 짠다.

일주일에 2~3차례 팀장은 '정시' 퇴근하는 그를 불러 세운다. "다른 팀원이 일하고 있는데 지금 가는 것은 좀 그렇지 않습니까?" 별수 없이 야근을 해야 한다....

밤 10~11시 집에 도착하면 미뤄 둔 설거지와 청소를 한다. 간혹 운 좋게 정시에 퇴근하면 1시간 정도의 자유시간이 주어진다. 그런 날은 야식을 먹거나 영화를 보다 잠이 든다.

하루 평균 여가시간이 2시간도 채 되지 않는 엄 씨는 '시간빈곤층'이다....

(경향신문, 2015. 7. 13.)

독자는 기사 (A)를 통해 시간빈곤층의 대략적 수치나 성별 차이를 알 수 있다. 그러나 기사 (B)를 통해서는 시간에 쫓기는 많은 직장인이 어떠한 일상을 보내는지를 마치 옆에서 지켜보듯 구체적으로 알 수 있다. 그러면서 한편으로는 자신의 하루와 비추어 보며 '혹시 나도 시간빈곤층에 해당하는가?' 생각해 볼 수 있을 것이다. 감정이입이 일어나기도 한다.

질적 연구자는 **스토리텔러**가 될 필요가 있다. 양적 연구처럼 수치나 그래프, 표를 이용해 간단히 연구 결과를 전달할 수 없기에 바쁜 독자들이 장문의 글을 끝까지 읽도록 노력하지 않으면 안 된다. 따라서 쉽고, 잘 읽히며, 연구 결과도 효과적으로 전달할 수 있는 창의적인 글쓰기에 대한 관심이 필요하다(Caulley, 2008).

MEMO

질적 연구자로서의 공통 역량이 있는가?

리더십 연구의 대가인 피터 드러커는 (Drucker, 1993) 리더로서의 공통된 역량이나 특성은 없다고 말한다. 드러커에 의하면 만일 효율적인 리더가 되기 위해 꼭 필요한 역량군이 존재한다고 할 경우에는 다음과 같은 문제가 생긴다. 우선 세상에는 이런 역량을 골고루 지닌 사람이 거의 없거나 아주 소수에 불과하다. 둘째, 공통 역량으로는 드러커가 평생에 걸쳐 알아 온 수많은 리더들을 설명하기 어렵다. 왜냐하면 이들 중에는 공통 역량이라고 불리는 특성을 별로 찾아보기 어려운데도 성공한 사람이 있고, 훌륭한 자질을 갖췄음에도 리더로서 업무를 잘 해내지 못하는 사람들도 있었기 때문이다.

마찬가지로 '절적 연구자로서 꼭 필요한 역량이 있는가?'라는 질문을 한다면 나는 '그런 것은 없다'는 드러커의 말에 대체로 동의한다. 박사과정 동안 나는 세 명의 질적 연구 방법론 교수의 조교를 했다. 그 외에도 여러 명의 다른 질적 연구 방법론 교수의 수업이나 워크숍을 들은 적이 있지만 이들에게서 공통적 성향을 찾아보기는 어려웠다. 예외라면 **연구 윤리**'에 대한 엄격한 강조라고나 할까? 아무래도 인간에 대한 연구인 만큼 질적 연구자들은 윤리적 문제는 없는가를 살펴보는 것이 습관화된 듯하다.

윤리에 대한 높은 민감성 이외에도 질적 연구자는 **모호하고 복잡한 상황을 견디는 능력**이 필요하다. 양적 연구에 비해 뚜렷하게 규정된 연구 지침이 없는 상태에서 스스로 판단을 내려야 하는 경우가 자주 발생하기 때문이다. 따라서 초보 연구자에게는 '어느 정도에서 현장 관찰을 마쳐야 하는지', '인터뷰는 언제까지 해야 하는지', '자료들을 어떻게 분석할 것인지', '내가 지금 제대로 하고 있는 것인지'

의심스러운 순간이 많다. 하지만 그런 모호함이 질적 연구의 단점이 아니라 특성이다. 본래부터가 명확히 규정되기 어려운 현실세계를 그 맥락에서 연구하는 것이기 때문이다. 이러한 과정을 거쳤을 때 연구자는 새로운 통찰을 얻게 된다.

마지막으로 질적 연구자에게 필요한 한 가지는 **기꺼이 자신의 생각을 변화**시키는 것이라고 생각한다. 샤마즈(Charmaz, 2013)는 "자신이 가진 선입견은 당연하게 여기는 관점이 도전받을 경우에만 분명하게 드러난다"(p. 147)고 하였다. 우리는 각자 자신이 서 있는 특정 시점에서 최대로 볼 수 있는 시야의 한계를 가지고 있다. 가다머(Gadamer, 1975, 1989)는 무엇인가를 새로운 시각에서 이해하려고 할 경우 반드시 현재 자신의 시야의 한계가 도전을 받아야 하고, 편견을 극복하면서 새로운 시야를 수용하여 그 한계가 넓혀져야 한다고 하였다. 영화 "죽은 시인의 사회"에서 학생들에게 교탁에 올라가 교실을 둘러보도록 하면서 "끊임없이 사물을 다른 방식으로 보려 노력해야 한다"고 말하는 존 키팅(John Keating) 선생님의 가르침과도 같다.

물론 연구자가 자신의 신념과 가치관에 도전하는 상반된 내용들을 접하게 될 경우 불편감을 느낄 수 있다. 휘틀리(Wheatley, 2002)의 표현대로 우리는 확신하는 태도로 자신감 있게 자신의 의견을 주장하도록 배워 왔다. 흔들리고 혼동을 겪는 것에는 익숙하지 못하며 정체성의 기반이 되는 지위나 신념이 도전받으면 힘들어한다. 연구에서도 자신이 생각하는 것이 자료에서 나오지 않으면 불안해진다. 주장하고 싶은 말이 머릿속에 가득해서 호기심을 갖는 가장 기본적인 태도를 어려워한다. 그러나 새로운 것을 알기 위해서는 이미 쥐고 있는 지식을 느슨하게 놓을 수도 있어야 한다는 것을 질적 연구는 일깨워 준다.

주관성과 객관성을 넘어: 상호주관성과 일리

많은 연구 설계에서 중립적, 객관적이란 표현을 보게 된다. 그만큼 연구에서 주관성이란 부정적인 말로 여겨진다. 주관성은 정말로 질적 연구의 적일까? 결론적으로, 인간은 편견에서 자유로울 수는 없다. 이것은 원래부터 불가능한 일이다. 왜냐하면 우리가 생각하고 표현할 때 사용하는 언어가 이미 자신이 속한 사회의 구성물이며 그 사회와 문화의 가치관을 포함하기 때문이다(Gergen, 2015).

실재하는 하나의 객관적 진리를 인정하지 않는 구성주의적 입장의 질적 연구자들은 객관성이나 본질에 대해 회의적인 입장을 취한다. 조용환(1999)은 객관성의 한계를 다음과 같이 설명한다.

> 우선, 객관성의 가장 큰 취약점은 '누가 보아도 그렇다'는 주장은 그렇게 보지 않는 단 한 사람의 출현으로 쉽게 허물어지는 데 있다.... 즉, 특수하거나 상대적이거나 예외적인 요소를 미리 잘라내고 일정한 경계 안에 '보편성의 영토'를 확보함으로써 객관성을 자동적으로 보장한다는 점이다.... 그러나 그 구조를 벗어나는 순간 객관성은 의미를 잃게 된다(조용환, 1999, p. 26).

객관성 대신 구성주의자들은 주관적 대상들 간의 공유된 인식인 **상호주관성**(간주관성, intersubjectivity)을 중요시한다. 상호주관성은 많은 주관(主觀) 사이에서 서로 공통적인 것이 인정되는 성질을 말하며 열린 대화와 소통으로 공유되는 지식이다. 상호주관성은 인간과학에서 중요한 개념이다. 인간으로서 우리는 이미 세계라는 맥락에 살고 있으며, 이 세계는 전통이나 역사, 문화, 생활세계 등을 통해 이미 다른 사람과 연결된 곳이다(Dahlberg, et al., 2008). 우리는 이러한 의미의 망 속에서 각자 다양하게 참여하고 있고, 그 안에서 서로를 이해할 수 있다(Freeman, 2017). 물론 사람이란 물건이 아니기 때문에 다른 사람의 마음을 온전히 안다는 것은 불가능하지만, 우리는 스스로의 경험을 알 수 있고 이를 바탕으로 타인의 경험에 공감하며 열린 소통을 통해 이해를 넓히는 능력이 있다(Dahlberg, et al., 2008). 즉, 질적 연구자는 객관성을 추구하기보다는 오히려 적극적으로 사람들의 경험에 참여하며 상호주관적인 지식을 구성해 간다.

또한 구성주의자에게 현상에 대한 해석이란 객관적으로 '옳다', '그르다'라는 잣대로 판가름 낼 수 있는 것이라기보다는 '유용하다', '일리가 있다', '그럴듯하다' 등의 단어로 표현될 수 있는 것이다. **일리 또는 그럴듯함**이라고 표현되는 verisimilitude는 어떠한 면에서 그런대로 타당하다고 생각되는 이치 또는 진리로 보임을 의미한다. 이는 **상대방의 맥락**(context)**을 고려한 내용**(text)**의** 이해라고 말할 수 있다. 평소보다 늦게 학교에 온 나를 무작정 나무라는 선생님보다, 어쩌다가 늦게 되었는지 상황을 듣고 "그럴 수도 있겠다"며 이해해 주는 선생님이 더 좋지 않은가? "인간의 의식을 가능케 하는 각종 근대적 개념이 역사의 어느 한 귀퉁이에서 편집되었다"(김정운, 2014, p. 270)고 이야기하는 김정운(2014)은 일리의 중요성을 아래와 같이 강조한다.

터프한 나와 학구적인 나, 모두 내 실체다. 내가 그렇게 기억하고 있기 때문이다.... 나에 대한 텍스트는 다 '일리(一理)'가 있다. 단지 서로 다른 콘텍스트에서 편집된 결과일 뿐이다. 모든 콘텍스트로부터 자유로운 '객관적인 나'는 존재하지 않는다. 나에 관해 하는 이야기가 모두 '진리(眞理)'일 수는 없단 거다. 그래서 가장 성숙한 의사소통 방식은 상대방의 이야기가 가지고 있는 일리를 인정해 주는 것이다'(김정운, 2014, 276).

마찬가지로 나는 질적 연구자들이 상대방의 일리를 인정해 주는 성숙한 의사소통을 지향한다고 생각한다. 리차드슨과 생삐에르 (Richardson & St. Pierre, 2005)는 포스트모더니즘의 영향으로 질적 연구자들이 부분적이고 지엽적인 지식을 이야기할 수 있는 여지를 더 많이 갖게 되었고 자신의 관찰과 해석이 마치 객관적인 것처럼 일반적인 지식을 주장할 필요가 없어졌다고 하였다. 질적 연구자는 수치와 통계 자료로 진리를 말하는 것처럼 상대방을 제압해서 침묵하게 만들지 않는다. 질적 연구자는 일상적인 언어를 사용하여 더 많은 독자와 소통하고 이들을 새로운 대화에 초대한다.

MEMO

구체적인 사례 이해의 중요성

워크숍이나 외부 강의를 나가면 특히 정책을 결정하는 위치에 있는 사람들이 이런 질문을 가끔 한다. "네, 질적 연구에 대해 잘 들었습니다. 좋은 연구 방법라고는 생각되는데… 하지만 우리 같은 기관에서는 중요한 결정을 내리기 위한 과학적이고 객관적인 증거가 필요하거든요. 그런데 몇 명의 참여자를 대상으로 한 질적 연구 결과를 현장에 적용하는 것은 문제가 있지 않겠습니까?", "일반화 문제는 어떻게 되나요?"

이렇게 묻는 사람들은 이미 마음속에 선을 긋고 있는 경우가 많다. 이들은 여기에 대한 토의나 자신의 생각을 다른 관점에서 살펴보는 것에는 그다지 관심이 없다. 필요한 것은 결정을 뒷받침할 수치적 근거다. 그 결과 이들이 결정 내린 정책에 직접적인 영향을 받게 될 사람들의 경험과 삶은 고려조차 되지 못한 채 현장과 동떨어진 정책이 지금도 끊임없이 만들어진다. 예를 들어 작은 마을에 필요한 시설을 설계하려면 이 마을 사람들의 생활과 습성, 상호작용, 문화, 환경조건 등을 살펴봐야 하는데 전혀 다른 문화의 학자들이 보고한 통계 자료를 더 믿는 것과 비슷하다(Flyvbjerg, 2014).

인간의 문제를 해결하려면 질적 연구의 보완이 필수적이다. 벤트 플루비아(Bent Flyvbjerg, 2014)는 인간사회란 늘 예측을 벗어나는 일이 발생하기 때문에 일반적인 원리만 적용할 수 없고 맥락을 고려해야 하며 비일상적인 상황에 대한 가설과 추론이 요구된다고 하였다. 즉, 구체적인 현장에 대한 사례 연구가 대규모 설문 연구와 병행될 필요가 있다는 것이다. 질적 연구가 수치와 통계로 딱 떨어지지 않아서 부적합하다고 여긴다면 플루비아의 다음의 조언을 고려해 볼 수 있다.

사례 연구를 요약하기가 어려운 이유는 조사 방법으로서의 사례 연구 자체 때문이 아니라 연구 대상인 현실의 특성 때문이다. 사례 연구를 정리하고 일반화하는 것은 바람직하지 못한 경우가 많다. 좋은 연구는 온전히 담론 자체로 읽혀야 한다(Flyvbjerg, 2014, p. 460).

MEMO

독창적인 연구는 개인적인 데서 시작된다

2020년 2월 9일, 봉준호 감독은 영화 '기생충'으로 한국영화 최초, 그리고 아카데미 92년 사상 비영어 영화로서는 처음으로 작품상을 수상했다. 후보에 오른 6개 부문 중 감독·각본·국제영화상까지 총 4관왕이나 되었다. 특히 그의 감독상 수상 소감은 시상식이 끝난 이후에도 여러 번 언급될 만큼 뭉클한 장면을 연출했다.

봉준호 감독
"어렸을 때 제가 항상 가슴에 새긴 말이 있었는데,
가장 개인적인 것이 가장 창의적인 것이다.

"어렸을 때 제가 항상 가슴에 새겼던 말이 있었는데 영화 공부할 때 '가장 개인적인 것이 가장 창의적인 것이다(The most personal is the most creative).' 그 말을 하셨던 분이 누구였냐 하면, 제가 책에서 읽은 거였지만, 그 말은… 우리의 위대한 감독 마틴 스코세이지가 한 이야기입니다."

이 말은 연구에도 해당된다고 본다. 가장 개인적인 것에서 시작하는 연구의 힘을 더 많은 연구자들이 믿었으면 좋겠다. 끝까지 읽어주신 여러분들이 모두 좋은 연구를 하시길~

참고문헌

김정운 (2014). 에디톨로지. 경기: 21세기북스.

이유선 (2006). 듀이 & 로티: 미국의 철학적 유산, 프래그머티즘. 파주: 김영사.

조용환 (1999). 질적 연구: 방법과 사례. 경기: 교육과학사.

정민 (2006). 다산선생 지식경영법. 경기: 김영사.

Agee, J. (2009). Developing qualitative research questions: A reflective process. *International Journal of Qualitative Studies in Education, 22*(4), 431−447.

Barbour, R. S. (2013). *Introducing qualitative research: A student's guide.* Thousand Oaks, CA: Sage.

Barbour, R. S. (2014). Analysing Focus Groups. In U. Flick (Ed.), *The SAGE Handbook of Qualitative Data Analysis* (pp. 313−326). Thousand Oaks, CA: Sage.

Bernard, H. R., & Ryan, G.W. (2010). Analyzing qualitative data: Systematic approaches, 1st ed. Thousand Oaks, CA: Sage.

Bogdan, R. C., & Biklen, S. K. (1998). *Qualitative research for education: An introduction to theory and methods* (3rd ed.). Boston: Allyn and Bacon.

Bourke, B. (2014). Positionality: Reflecting on the research process. *The Qualitative Report, 19,* 1−9.

Braun, V., & Clarke, V. (2006). Using thematic analysis in psychology. *Qualitative Research in Psychology, 3,* 77−101.

Browne, A. (1987). *When battered women kill.* New York: Free Press.

Carlson, J. A. (2010). Avoiding traps in member checking. *The*

Qualitative Report, 15(5), 1102−1113.

Caulley, D. N. (2008). Making qualitative research reports less boring: The techniques of writing creative nonfiction. *Qualitative Inquiry, 14*(3), 424−449.

Charmaz, K. (2013). 근거이론의 구성: 질적분석의 실천 지침. 서울: 학지사. (원전은 2006에 출판)

Creswell, J. W. (2017). 질적연구의 30가지 노하우. 서울: 피와이메이트. (원전은 2015에 출판)

Cron, L. (2015). 끌리는 이야기는 어떻게 쓰는가. 경기: 웅진 지식하우스. (원전은 2012에 출판)

Crotty, M. (1998). *Foundations of social research: Meaning and perspective in the research process.* Crows Nest NSW: Allen & Unwin.

Dahlberg, K., Dahlberg, H., & Nyström, M. (2001, 2008). *Reflexive lifeworkd research.* Lund, Sweden: Studentlitteratur.

Drucker, P. F. (1993). *The effective executive.* New York: Harper Collins Publishers.

Flick, U. (2014). Mapping the field. In U. Flick (Ed.), *The SAGE Handbook of Qualitative Data Analysis* (pp. 3−18). Thousand Oaks, CA: Sage.

Flick, U. (2018). *Managing quality in qualitative research* (2nd ed.). Thousand Oaks, CA: Sage.

Flyvbjerg, B. (2014). 사례연구. In, N. K. Denzin, Y. S. Lincoln 편저, 질적 연구 핸드북 (pp. 443−465). 경기: SAGE 아카데미프레스. (원전은2011에 출판)

Freeman, M., deMarrais, K., Preissle, J., Roulston, K., & St., Pierre, E. A. (2007). Standards of evidence in qualitative research: An incitement to discourse. *Educational Researcher, 36*(1), 25−32.

Freeman, M. (2014). The hermeneutical aesthetics of thick description. *Qualitative Inquiry, 20*(6), 827−833.

Freeman, M. (2017). *Modes of thinking for qualitative data analysis.* New York, NY: Routledge.

Gadamer, H. G. (1975, 1989). *Truth and method* (2nd ed.). London: Continuum.

Gergen, K. J. (2015). *An invitation to social construction* (3rd ed.). Thousand Oaks, CA: Sage.

Glaser, B. G., & Strauss, A. L. (1967). *The discovery of grounded theory.* Chicago: Aldine.

Gläser, J. & Laudel, G. (2013). Life With and Without Coding: Two Methods for Early−Stage Data Analysis in Qualitative Research Aiming at Causal Explanations. *Qualitative Social Research, 14*(2), Art. 5.

Grondin, J. (2002). *Gadamer's basic understanding of understanding.* UK: Cambridge University Press.

Han, Y. (2012). Grief and work: the experience of losing a close coworker by cancer. *Journal of Management Inquiry,* 21(3), 288−296.

Harper, D. (2008). What's new visually? In N. K. Denzin & Y. S. Lincoln (Eds.), *Collecting and interpreting qualitative materials* (pp. 185−204). Thousand Oakes, CA: Sage.

Henneberger, M. (2013). *Mom's best advice: How candidates who didn't run as themselves lost the message war.* Joan Shorenstein Center on the Press, Politics and Public Policy Discussion Paper Series. Retrieved from http://shorensteincenter.org/d79−henneberger/

Kilbourn, B. (2006). The qualitative doctoral dissertation proposal. *Teachers College Record, 108*(4), 529−576.

King, N. & Horrocks, C. (2013). 질적연구에서의 인터뷰. 서울: 현문사. (원전은 2010에 출판)

Konnikova, M. (2014). 생각의 재구성. 서울: 청림출판.

Kuchartz, U. (2014). *Qualitative text analysis. A guide to methods, practice and using software.* Thousand Oaks, CA: Sage.

Kuhn, S. T. (2013). 과학혁명의 구조 (4판). 서울: 까치. (원전은

1962에 출판)

Kvale, S. (1996). *InterView: An introduction to qualitative research interviewing.* Thousand Oakes, CA: Sage.

Kvale, S.& Brinkmann, S. (2009). *InterViews. Learning the craft of qualitative research interviewing* (2nd ed.). Thousand Oaks, CA: Sage.

LeCompte, M. D. (2000). Analyzing qualitative data. *Theory into Practice, 39*(3), 146－154.

Lincoln, Y. S. & Guba, E. G. (1985). *Naturalistic Inquiry.* Newbury Park, CA: Sage Publications.

Lincoln, Y. S., Lynham, S. A., & Guba, E. G. (2014). 패러다임 논쟁, 반박, 그리고 현안의 합류점 재검토. In, N. K. Denzin, Y. S. Lincoln 편저, 질적 연구 핸드북 (pp. 155－189). 경기: SAGE 아카데미프레스. (원전은 2011에 출판)

Madsbjerg, C. & Rasmussen, M. B. (2014). 우리는 무엇을 하는 회사인가? 타임비즈.

Mann, C., & Stewart, F. (2002). Internet interviewing. In J. F. Gubrium & J. A. Holstein (Eds.), *Handbook of Internet research: Context & method* (pp. 603－627). Thousand Oaks, CA: Sage.

Marshall, C. & Rossman, G. B. (2006). *Designing qualitative research* (4th ed.). Thousand Oaks, CA: Sage.

Mason, J. (2013). 질적 연구방법론. 서울: 나남. (원전은 2002에 출간)

Marvasti, A. B. (2014). Analysing observations. In U. Flick (Ed.), The SAGE Handbook of Qualitative Data Analysis (pp. 354－366). Thousand Oaks, CA: Sage.

Maxwell, J. A. (2012). The importance of qualitative research for causal explanation in education. Qualitative Inquiry, 18(8), 655－661.

Merriam,S. B. & Simpson, E. L. (2000). *A guide to research for educators and trainers of adults* (2nd ed.), Malabar, FL: Krieger publishing company.

Miles, M. B., Huberman, A. M., & Saldaña, J. (2014). *Qualitative data analysis. A methods sourcebook* (3rd ed). Thousand Oaks, CA: Sage.

Patton, M. Q. (2017). 질적연구 및 평가 방법론. 서울: 교육과학사. (원전은 2015에 출판)

Pratt, M. G. (2009). From the editors: For the lack of boilerplate: Tips on writing up(and reviewing) qualitative research. *Academy of Management Journal, 52*(5), 856−832.

Preissle, J. (2008). Analytic induction. In L. M. Given (Ed.), *The SAGE encyclopedia of qualitative research methods* (vol. 2, pp. 15−16). Thousand Oaks, CA: Sage.

Preissle, J. & Han, Y. (2012). Feminist research ethics. In S. N. Hesse−Biber (Ed.), *Handbook of feminist research: Theory and praxis* (2nd ed., pp. 583−605). Thousand Oaks, CA: Sage.

Ravitch, S. M., & Riggan, M. (2017). *Reason & Rigor* (2nd ed.). Thousand Oaks, CA: Sage.

Richardson, L., & St. Pierre, E. A. (2005). Writing: A method of inquiry. In N. K. Denzin & Y. S. Lincoln (Eds.), *The Sage handbook of qualitative research* (3rd ed., pp. 959−978). Thousand Oaks, CA: Sage.

Roller, M. R., & Lavrakas, P. J. (2015). *Applied qualitative research design: A total quality framework approach.* New York, MY: The Guilford Press.

Roulston, K., deMarrais, K., & Lewis, J. B. (2003). Learning to interview in the social sciences. *Qualitative Inquiry, 9*(4), 643−668.

Roulston, K. (2014). Analysing interviews. In U. Flick (Ed.), *The SAGE Handbook of Qualitative Data Analysis* (pp. 297−353). Thousand Oaks, CA: Sage.

Saldaña, J. (2013). *The coding manual for qualitative researchers* (2nd ed.). Thousand Oaks, CA: Sage.

Schwandt, T. A. (2015). *The SAGE dictionary of qualitative inquiry* (4th ed.). Thousand Oaks, CA: Sage.

Seidman, I. (2009). 질적 연구 방법으로서의 면담. 서울: 학지사. (원전은 2005에 출판).

St. Pierre, E. A., & Jackson, A. Y. (2014). Qualitative data analysis after coding. *Qualitative Inquiry, 20*(6), 715－719.

Staller, K. M. (2015). Qualitative analysis: The art of building bridging relationships. *Qualitative Social Work, 14*(2), 145－153.

Suddaby, R. (2006). From the editors: What grounded theory is not. *Academy of Management Journal, 49*(4), 633－642.

Tracy, S. J. (2020). *Qualitative research methods: Collecting evidence, crafting analysis, communicating impact* (2nd Ed.). Hoboken, HJ: Wiley Blackwell.

Vagle, M. D. (2018). *Crafting phenomenological research* (2nd ed.). New York, NY: Routledge.

Valentine, T., & Preissle, J. (2009, February). *Qualitative and quantitative research: Important similarities & significant differences.* Seminar conducted at the meeting of Adult Education and HROD, The University of Georgia, Athens, GA.

Wang, C. & Burris, M. (1997). Photovoice: Concepts, methodology, and use for participatory needs assessment. *Health Education & Behavior, 24*(3), 369－389.

Watts, S. (2014). User skills for qualitative analysis: perspective, interpretation and delivery of impact. *Qualitative Research in Psychology, 11,* 1－14.

Wheatley, M. J. (2002). *Turning to one another: Simple conversations to restore hope to the future.* San Francisco, CA: Berrett－Koehler Publishers, Inc.

White, P. (2009). *Developing research questions: A guide for social scientists.* New York, NY: Macmillan.

Wolcott, H. (1994). T*ransforming qualitative data: Description, analysis, and interpretation.* Thousand Oaks, CA: Sage.

Yin, R. K. (2013). 질적 연구: 시작부터 완성까지. 서울: 학지사. (원전은 2010에 출판)

찾아보기

[저자 약력]

한유리

이화여대 정외과를 졸업하고, 동 대학원에서 상담심리로 석사학위를, 조지아 대학
(Th Univ. of Georgia)에서 성인교육 및 인적자원개발로 박사학위를 받았다. 더
많은 사람들이 질적 연구를 쉽게 접하고 즐겁게 연구할 수 있도록 배우고 전달하
는 것에 관심이 있다. 『질적 연구 입문』, 『초보연구자를 위한 질적 자료 분석 가이
드』, 『차근차근 자문화기술지』를 썼고, 『질적 연구의 30가지 노하우』, 『문헌리뷰
작성가이드』, 『사회구성주의로의 초대』를 번역하였다.

dain5479@naver.com

제2판

질적 연구 입문
INTRODUCTION TO QUALITATIVE RESEARCH METHODS

초판발행	2015년 8월 30일
제2판발행	2020년 7월 10일
중판발행	2022년 9월 10일

지은이	한유리
펴낸이	노 현

편 집	황정원
기획/마케팅	노 현
표지디자인	이미연
제 작	고철민 · 조영환

펴낸곳	㈜ 피와이메이트
	서울특별시 금천구 가산디지털2로 53, 한라시그마밸리 210호(가산동)
	등록 2014. 2. 12. 제2018-000080호
전 화	02)733-6771
f a x	02)736-4818
e-mail	pys@pybook.co.kr
homepage	www.pybook.co.kr
I S B N	979-11-6519-074-3 93370

정 가   14,000원

박영스토리는 박영사와 함께하는 브랜드입니다.